Hafke/Niederle/Singer

Arbeitsrecht

Mit Darstellung des AGG sowie des Teilzeit- und Befristungsgesetzes

12. Auflage 2017

ISBN 978-3-86724-123-6

12. Auflage 2017

© 2017 niederle media

Bezug möglich direkt vom Verlag
niederle media
48341 Altenberge
Fax (02505) 93 98 99
E-Mail: info@niederle-media.de
www.niederle-media.de

▶ Inhalt

▶ Arbeitsrecht

▶ Vorwort

Dieses Skript ist gedacht als Einführung in die Grundlagen des Arbeitsrechts. Nicht nur von Jurastudenten, auch von Studenten der Wirtschafts- oder Sozialwissenschaften wird die Kenntnis darüber verlangt, wie ein Arbeitsvertrag zustande kommt, in welchen Fällen der Arbeitnehmer auch ohne Arbeit Lohn fordern kann, welche Haftungsmaßstäbe bei betrieblich veranlasster Tätigkeit gelten und unter welchen Voraussetzungen jeweils die ordentliche und die außerordentliche Kündigung zulässig ist.

Wer sein mit dem vorliegenden Skript erworbenes Wissen anhand von Fällen festigen und vertiefen möchte, dem sei das bei *niederle media* erschienene Skript *Standardfälle Arbeitsrecht* empfohlen.

Der Name *niederle media* steht für Skripten, die zu einem großen Teil von Autoren mit mehrjähriger Lehr-Erfahrung als Hochschullehrer oder AG-Leiter verfasst wurden und die

* klausurrelevante Themen *kompakt* darstellen,

* meist in 1-2 Tagen und demnach *zeitsparend* durchgearbeitet werden können,

* so *verständlich* sind, dass auch Anfänger damit regelmäßig auf Anhieb klarkommen,

* *Fallbeispiele, Übersichten* und *Schemata* enthalten,

* sehr *erschwinglich* sind (ab 7 €).

Aufgrund dieser Eigenschaften sind unsere Skripten hervorragend geeignet für den ersten, unkomplizierten Einstieg in die Materie oder für eine schnelle Wiederholung kurz vor der Prüfung. Dafür drücke ich schon jetzt ganz fest die Daumen,

Jan Niederle

▶ Unsere 📖 Skripten 📇 Karteikarten 🎧 Hörbücher (CD & MP3)

Zivilrecht

- 📖 Standardfälle für Anfänger (7,90 €)
- 📖 🎧 Standardfälle BGB AT (7,90 €)
- 📖 🎧 Standardfälle Schuldrecht (7,90 €)
- 📖 🎧 Standardfälle Ges. Schuldverh., §§ 677, 812,823
- 📖 🎧 Standardfälle Sachenrecht (9,90 €)
- 📖 🎧 Standardfälle Familien- und Erbrecht (9,90 €)
- 📖 Klausuren Übung für Fortgeschrittene (7,90 €)
- 📖 🎧 Basiswissen BGB (AT) (Frage-Antwort)
- 📖 🎧 Basiswissen SchuldR (AT) 📖 🎧 SchuldR (BT) (7 €)
- 📖 🎧 Basiswissen Sachenrecht, 📖 🎧 FamR, 📖 🎧 ErbR
- 📖 Einführung in das Bürgerliche Recht (7,90 €)
- 📖 Studienbuch BGB (AT) (12 €)
- 📖 Studienbuch Schuldrecht (AT) (12 €)
- 📖 Schuldrecht (BT) 1 - §§ 437, 536, 634, 670 ff. (9,90 €)
- 📖 Schuldrecht (BT) 2 - §§ 812, 823, 765 ff. (9,90 €)
- 📖 SachenR 1 – Bewegl. S., 📖 SachenR 2 – Unb. S. (9,9 €)
- 📖 Familienrecht und 📖 Erbrecht (Einführungen) (9,90 €)
- 📖 Streitfragen Schuldrecht (7,90 €)
- 📖 🎧 Definitionen für die Zivilrechtsklausur (9,90 €)

Strafrecht

- 📖 🎧 Standardfälle für Anfänger Band 1 (9,90 €)
- 📖 Standardfälle für Anfänger Band 2 (7,90 €)
- 📖 Standardfälle für Fortgeschrittene (12 €)
- 📖 🎧 Basiswissen Strafrecht (AT) (Frage-Antwort)
- 📖 🎧 Basiswissen Strafrecht BT 1 und 📖 🎧 BT 2 (7 €)
- 📖 Strafrecht (AT) (7,90 €)
- 📖 Strafrecht (BT) 1 – Vermögensdelikte (9,90 €)
- 📖 Strafrecht (BT) 2 – Nichtvermögensdelikte (9,90 €)
- 📖 🎧 Definitionen für die Strafrechtsklausur (7,90 €)

Irrtümer und Änderungen vorbehalten!

Öffentliches Recht

- 📖 Standardfälle Staatsrecht I – StaatsorgaR (9,90 €)
- 📖 Standardfälle Staatsrecht II – Grundrechte (9,90 €)
- 📖 🎧 Standardfälle f. Anfänger (StaatsorgaR u. GRe) (7,9 €)
- 📖 Standardfälle Verwaltungsrecht (AT) (9,90 €)
- 📖 Standardfälle Polizei- und Ordnungsrecht (9,90 €)
- 📖 Standardfälle Baurecht (9,90 €)
- 📖 Standardfälle Europarecht (9,90 €)
- 📖 Standardfälle Kommunalrecht (9,90 €)
- 📖 🎧 Basiswissen StaatsR I –StaatsorgaR (Fr-Antw.) (7 €)
- 📖 🎧 Basiswissen StaatsR II –GrundR (Frage-Antw.) (7 €)
- 📖 Basiswissen VerwaltungsR AT– (Frage-Antwort) (7 €)
- 📖 Studienbuch Staatsorganisationsrecht (9,90 €)
- 📖 Studienbuch Grundrechte (9,90 €)
- 📖 Studienbuch Verwaltungsrecht AT (12 €)
- 📖 Studienbuch Europarecht (12,90 €) 🎧 Basiswissen EuR
- 📖 Studienbuch Wirtschaftsvölkerrecht (12,90 €)
- 📖 Staatshaftungsrecht (9,90 €)
- 📖 VerwaltungsR AT 1 – VwVfG u. 📖 AT 2–VwGO (7,90 €)
- 📖 VerwaltungsR BT 1 – POR (9,90 €)
- 📖 VerwaltungsR BT 2 – BauR 📖 BT 3 – UmweltR (9,90 €)
- 📖 🎧 Definitionen Öffentliches Recht (9,90 €)

Steuerrecht

- 📖 Abgabenordnung (AO) (9,90 €)
- 📖 Erbschaftsteuerrecht (9,90 €)
- 📖 Steuerstrafrecht/Verfahren/Steuerhaftung (7,90 €)

Sozialrecht

- 📖 Kinder- und Jugendhilferecht (7,90 €)
- 📖 Sozialrecht (9,90 €)

Nebengebiete

- 📖 🎧 Standardfälle Handels- & GesR (9,90 €)
- 📖 🎧 Standardfälle Arbeitsrecht (9,90 €)
- 📖 🎧 Standardfälle ZPO (9,90 €)
- 📖 🎧 Basiswissen HandelsR (Frage-Antwort) (7,9 €)
- 📖 🎧 Basiswissen Gesellschaftsrecht (7,90 €)
- 📖 🎧 Basiswissen ZPO (Frage-Antwort) (7,90 €)
- 📖 🎧 Basiswissen StPO (Frage-Antwort) (7,90 €)
- 📖 Handelsrecht (9,90 €)
- 📖 Gesellschaftsrecht (9,90 €)
- 📖 Arbeitsrecht (9,90 €)
- 📖 Kollektives Arbeitsrecht (9,90 €)
- 📖 ZPO I – Erkenntnisverfahren (9,90 €)
- 📖 ZPO II – Zwangsvollstreckung (9,90 €)
- 📖 Strafprozessordnung – StPO (9,90 €)
- 📖 Einf. Internationales Privatrecht - IPR (9,90 €)
- 📖 Standardfälle IPR (9,90 €)
- 📖 Insolvenzrecht (9,90 €)
- 📖 Gewerbl. Rechtsschutz/Urheberrecht (9,90 €)
- 📖 Wettbewerbsrecht (9,90 €)
- 📖 Ratgeber 500 Spezial-Tipps für Juristen (12 €)
- 📖 Mediation (7,90 €)
- 📖 Sportrecht (9,90 €)

Karteikarten (je 9,90 €)

- 📇 Zivilrecht: BGB AT/SchuldR/Grundlagen/Schemata
- 📇 Strafrecht: AT/BT-1/BT-2/Streitfragen
- 📇 Öff. R.: StaatsorgaR/GrundR/VerwR/Schemata

Assessorexamen

- 📖 Der Aktenvortrag im Strafrecht (7,90 €)
- 📖 Der Aktenvortrag im Zivilrecht (7,90 €)
- 📖 Der Aktenvortrag im Öffentlichen Recht (7,90 €)
- 📖 Staatsanwaltl. Sitzungsdienst & Plädoyer (9,90 €)
- 📖 Die strafrechtliche Assessorklausur (7,90 €)
- 📖 Die Assessorklausur VerwR Bd. 1 (7,90 €)
- 📖 Die Assessorklausur VerwR Bd. 2 (7,90 €)
- 📖 Vertragsgestaltung in der Anwaltsstation (7 €)

Irrtümer und Änderungen vorbehalten!

BWL

- 📖 Einführung i. die Betriebswirtschaftslehre (7,90 €)
- 📖 Organisationsgestaltung & -entwickl. (7,90 €)
- 📖 Fallstudien Organisationsgestaltung & -entwickl.
- 📖 Internationales Management (7 €)
- 📖 Wie gelingt meine wiss. Abschlussarbeit? (7 €)
- 📖 Medienwirtschaft für Mediengestalter (14,90 €)

Irrtümer und Änderungen vorbehalten!

Schemata

- 📖 Die wichtigsten Schemata-ZivR,StrafR,ÖR (14,90)
- 📖 Die wichtigsten Schemata–Nebengebiete (9,90 €)

🎧 bedeutet: auch als **Hörbuch** (CD oder MP3-Download) lieferbar!

Bei **niederle-media.de** bestellte Artikel treffen idR *nach 1-2 Werktagen* ein!

Lektion 1: Der Arbeitnehmerbegriff

1.1 Abgrenzung Arbeitnehmer – Selbstständiger
1.2 Unterschied Arbeiter – Angestellter
1.3 Der leitende Angestellte
1.4 Die arbeitnehmerähnliche Person
1.5 Auszubildende und Heimarbeiter

1.1 Abgrenzung Arbeitnehmer – Selbstständiger

Eine gesetzliche Definition des Arbeitnehmerbegriffs fehlt. Es ist aber eine Abgrenzung zum Selbstständigen notwendig, da beispielsweise das *Kündigungsschutzgesetz* nur auf *Arbeitnehmer* anwendbar ist, vgl. § 1 KSchG.

Es ist allgemein anerkannt, dass derjenige, der aufgrund eines *privatrechlichen Vertrags* für einen anderen *unselbstständige* Dienste leistet, Arbeitnehmer ist. § 84 Abs. 1 S. 2 HGB liefert dagegen die Definition der Selbstständigkeit:

Selbstständig ist, wer im Wesentlichen frei seine Tätigkeit gestalten und seine Arbeitszeit bestimmen kann.

Beispiel 1: Selbstständig sind Rechtsanwälte oder Ärzte in eigener Praxis, Floristen mit eigenem Laden, freie Mitarbeiter, Handelsvertreter.

Probleme tauchen oftmals bei der Frage der „Selbstständigkeit" des Dienstes auf. Es muss dann genau zwischen selbstständiger und abhängiger Arbeit abgegrenzt werden. Hierbei ist auf die *persönliche Abhängigkeit* des Arbeitnehmers abzustellen. Diese lässt sich unter Würdigung aller Umstände im Einzelfall anhand von Indizien ermitteln. Folgende Indizien deuten auf einen Arbeitnehmer:

Der **Arbeitnehmer**

- ist weisungsgebunden;
- ist gebunden an die vereinbarte Art und Weise der Leistung, den Ort sowie die Zeit und Dauer der Tätigkeit;
- ist eingegliedert in den Betriebsablauf;
- erhält ein festes Gehalt bzw. Lohn;
- ist lohnsteuer- und sozialversicherungspflichtig;
- erhält Urlaub sowie Lohnfortzahlung im Krankheitsfall.

Beispiel 2: Arbeitnehmer sind demnach z.B. die Sekretärin im Büro des Rechtsanwaltes, die Versicherungskauffrau in einem großen Konzern, der Frisör in fester Anstellung, der Bauarbeiter, der Handwerksgeselle.

Kennzeichnend ist insbesondere die *Fremdbestimmtheit* der Arbeit. Zu beachten ist jedoch, dass auch bei Selbstständigen eine mehr oder weniger abgeschwächte Form der Weisungsgebundenheit vorliegen kann.

Beispiel 3: Malermeister M hat mit Kundin K einen Werkvertrag geschlossen, der vorsieht, dass er ihre Hauswände grün-gelb anstreichen und in den nächsten zwei Monaten jeden Tag 8 Stunden arbeiten soll. Hierbei ist zwar die Art und Weise der Leistung ganz genau vereinbart, trotzdem ist M in seiner Selbstständigkeit nicht betroffen.

Hinweis: Ggü. der Weisungsgebundenheit und der Fremdbestimmtheit sind die anderen Indizien (z.B. die Abführung von Sozialversicherungsbeiträgen) nur *weiche Kriterien*, die allein die Eigenschaft als Arbeitnehmer nicht begründen können.

1.2 Unterschied Arbeiter – Angestellter

Die früher gängige Ungleichbehandlung zwischen Arbeitern und Angestellten hat das Bundesverfassungsgericht für verfassungswidrig erklärt, da der in Art. 3 GG normierte Gleichheitsgrundsatz verletzt und ebenfalls der arbeitsrechtliche Gleichbehandlungsgrundsatz (dazu S. 14) tangiert war. Heute muss jede Ungleichbehandlung zwischen Angestellten und Arbeitern gerechtfertigt sein. Eine Unterscheidung hat daher durch die Vereinheitlichung der Kündigungsfristen (vgl. § 622 BGB) und der Entgeltfortzahlung im Krankheitsfall kaum noch arbeitsrechtliche Bedeutung.

Kommt es einmal auf eine Differenzierung an, so ist die Unterscheidung danach zu treffen, ob überwiegend geistige Tätigkeit (= Angestellter) oder aber körperliche Arbeit (= Arbeiter) verrichtet wird.

1.3 Der leitende Angestellte

Die leitenden Angestellten haben im Arbeitsrecht eine *Sonder- bzw. Zwischenstellung.* Sie sind einerseits zwar Arbeitnehmer, andererseits jedoch in der betrieblichen Hierarchie durchaus der Arbeitgeberseite zuzurechnen, da sie weitreichende Kompetenzen und Entscheidungsfunktionen besitzen und die Arbeitgeberinteressen wahren müssen. Auch sind die Anforderungen an ihre Arbeitsleistung hoch angesetzt.

Beispiel 4: Prokurist mit Generalvollmacht, Chefarzt, Leiter der Hauptabteilung Finanzwesen.

Leitende Angestellte werden daher aus dem Geltungsbereich vieler Gesetze ausgenommen. So ist weder das Betriebsverfassungsgesetz noch das Arbeitszeitgesetz anwendbar, vgl. § 5 Abs. 3 BetrVG und § 18 Abs. 1 Nr. 1 und Nr. 2 Arbeitszeitgesetz (ArbZG). Daher gibt es für leitende Angestellte keine Überstundenvergütung. Auch der Kündigungsschutz ist eingeschränkt. Wegen des Bestehens eines besonderen Vertrauensverhältnisses werden keine hohen Anforderungen an die Kündigungsgründe gestellt, vgl. § 14 Abs. 2 KSchG.

1.4 Die arbeitnehmerähnliche Person

Neben dem Arbeitnehmer und dem Selbstständigen gibt es die sog. *arbeitnehmerähnliche* Person. Sie ist ein „Zwischending" zwischen beiden, da sie zwar kein Arbeitnehmer, jedoch auf Grund eines Dienst- oder Werkvertrags persönlich in *wirtschaftlich abhängiger* Stellung tätig und deshalb *ver-*

10

gleichbar einem Arbeitnehmer sozial schutzbedürftig ist, vgl. § 12 a Abs. 1 Tarifvertragsgesetz (TVG).

Arbeitnehmerähnliche Personen sind vor allem als Heimarbeiter (s.u.) und als freie Mitarbeiter tätig. Da die arbeitnehmerähnliche Person selbstständig ist, finden arbeitsrechtliche Vorschriften, insbesondere das Kündigungsschutzgesetz (KSchG), grundsätzlich *keine* unmittelbare Anwendung.

Beispiel 5: P ist Journalist und laut Vertrag als „freier Mitarbeiter" bei einem großen Hamburger Verlag eingestellt. Für diesen arbeitet er ausschließlich. Seine Vergütung wird nach den geleisteten Stunden abgerechnet. Seine Arbeitszeit beträgt mindestens 30,5 Stunden pro Woche, diese kann er sich aber frei einteilen. Die zu behandelnden Themen sucht er sich aus, bespricht sie allerdings vorher mit der zuständigen Redaktion. Ist das KSchG anwendbar?

Lösung: Zur Arbeitnehmereigenschaft fehlt die persönliche Abhängigkeit, z.B. die Eingliederung in den Betriebsablauf. P ist ähnlich schutzbedürftig wie ein Arbeitnehmer, da er nicht im klassischen Sinne selbstständig arbeitet; er ist daher arbeitnehmerähnlich. Das KSchG ist daher nicht anwendbar.

Beispiel 6: P ist anders als in *Beispiel 5* an eine vorgegebene Themenliste gebunden, die er abarbeiten muss. Weiter beträgt die Arbeitszeit mindestens 35 Stunden pro Woche und er nimmt an den täglichen Redaktionssitzungen teil. Die Vergütung erfolgt zu einem Festpreis von 2.000,- Euro monatlich. Ist das KSchG anwendbar?

Lösung: Hier sprechen Indizien dafür, dass P tatsächlich Arbeitnehmer ist, das heißt, es wurde freie Mitarbeit vereinbart, tatsächlich aber abhängige Arbeit vollzogen. Abzustellen ist allein auf die *faktische Ausführung* des Vertrages. Ansonsten bestünde die Gefahr der Umgehung des Kündigungsschutzes. Die Bezeichnung der Beschäftigung im Vertrag selbst ist daher nur von sekundärer Bedeutung. Es besteht also ein ganz normales Arbeitsverhältnis, so dass das Kündigungsschutzgesetz anwendbar ist.

Gesetzliche Regelungen für arbeitnehmerähnliche Personen sind vor allem § 2 S. 2 des Bundesurlaubsgesetzes (BUrlG), § 12 a Abs. 1 des Tarifvertragsgesetzes (TVG) und § 5 Abs. 1 S. 2 des Arbeitsgerichtsgesetzes (ArbGG).

1.5 Auszubildende und Heimarbeiter

Das Berufsausbildungsverhältnis ist im Berufsbildungsgesetz (BBiG) geregelt, dessen Vorschriften nicht zum Nachteil des Auszubildenden abbedungen werden können (§ 25 BBiG). Der Begriff „Arbeitnehmer" wird im Anwendungsbereich des ArbGG auf die zu ihrer Berufsausbildung Beschäftigten gemäß § 5 Abs.1 S. 1 ArbGG ausgedehnt.

Heimarbeiter (zum Begriff vgl. § 2 Abs. 1 des Heimarbeitsgesetzes, HAG) sind keine Arbeitnehmer, sondern arbeitnehmerähnliche Personen. Viele Regelungen des Arbeitsrechts finden also grundsätzlich auf Heimarbeitsverhältnisse mangels persönlicher Abhängigkeit *keine* Anwendung. Insbesondere gilt nicht das KSchG. §§ 29, 29a HAG sehen für die Kündigung spezielle Regelungen vor. Lediglich in einzelnen Vorschriften ist eine Gleichstellung mit den Arbeitnehmern vorgesehen, vgl. § 5 Abs. 1 S. 2 ArbGG, § 12 BUrlG, § 1 Abs. 2 Nr. 1 des Beschäftigtenschutzgesetzes (BeSchG) und § 1 Nr. 2 des Mutterschutzgesetzes (MuSchG).

▶ **Literatur zu dieser Lektion**

☐ Schreiber, **Jura** 2008, 21 (Arbeitnehmerbegriff - Grundlagen)

Lektion 2: Die Rechtsquellen des Arbeitsrechts

1.1 Rechtsquellen und deren Rangordnung

Da es im Arbeitsrecht kein einheitliches „Arbeitsgesetzbuch" gibt, muß auf eine Vielzahl von Sondergesetzen bzw. verschiedene Gestaltungsfaktoren zurückgegriffen werden. So wird das Arbeitsverhältnis durch den Arbeitsvertrag begründet und dabei von zahlreichen Normen und Gestaltungsfaktoren beeinflusst. Zur Vermeidung von Unklarheiten und divergenten Entscheidungen muss festgelegt werden, in welchem Verhältnis die Rechtsquellen zueinander stehen. Es gilt das sog. **Rangordnungsprinzip,** d. h. der ranghöhere geht grds. dem rangniedrigeren Gestaltungsfaktor vor.

12

```
┌─────────────────────┐
│   Europäisches      │
│   Unionsrecht       │
└─────────────────────┘
┌───────────────────────────┐
│   Verfassungsrecht        │
└───────────────────────────┘
┌─────────────────────────────────┐
│ Zwingendes Gesetzesrecht,       │
│ Gewohnheitsrecht                │
└─────────────────────────────────┘
┌───────────────────────────────────────┐
│        Tarifvertrag                   │
└───────────────────────────────────────┘
┌─────────────────────────────────────────────┐
│        Betriebsvereinbarung                  │
└─────────────────────────────────────────────┘
┌───────────────────────────────────────────────────┐
│ Arbeitsvertrag, betriebliche Übung, Gesamtzusage,  │
│ arbeitsrechtl. Gleichbehandlungsgrundsatz          │
└───────────────────────────────────────────────────┘
┌─────────────────────────────────────────────────────────┐
│        Dispositives Gesetzesrecht                        │
└─────────────────────────────────────────────────────────┘
┌───────────────────────────────────────────────────────────────┐
│        Direktionsrecht des Arbeitgebers                        │
└───────────────────────────────────────────────────────────────┘
```

Bei Konkurrenzen auf *verschiedenen Rangstufen* geht also grds. der ranghöhere Gestaltungsfaktor dem rangniedrigeren vor. Ausnahme: Ist eine rangniedrigere Norm für den Arbeitnehmer günstiger, so geht diese der ranghöheren grds. vor, sog. *Günstigkeitsprinzip.*

Beispiel 1: Entgegen dem Tarifvertrag, der 26 Tage Urlaub vorsieht, vereinbart Arbeitgeber A mit Gewerkschaftsmitglied G im Arbeitsvertrag 30 Tage Urlaub pro Jahr sowie übertariflichen Lohn. Wirksam?

Lösung: Grundsätzlich gilt die ranghöchste Norm. § 3 Abs. 1 BUrlG, der mind. 24 Tage Urlaub pro Jahr vorsieht, würde vom Rang her dem rangniedrigeren Tarifvertrag und dieser wiederum dem rangniedrigeren Arbeitsvertrag vorgehen. Sowohl das BUrlG als auch Tarifverträge enthalten aber nur *Mindestregelungen.* Daher gelten für G die für ihn *günstigeren* arbeitsvertraglichen Regelungen: 30 Tage Urlaub und übertariflicher Lohn.

Als Grenze hierzu gilt die sog. **Rosinentheorie,** wonach eine *Gesamtschau* erfolgen muss und sich ein Einzelvergleich verbietet, vgl. dazu auch Lektion 11, Seite 117.

Beispiel 2: Im Arbeitsvertrag des Arbeitnehmers A steht: „Eine Kündigung kann nur zum Quartalsschluss mit einer Frist von drei Monaten erfolgen". Die *gesetzliche* Kündigungsfrist für A beträgt hingegen sieben Monate. Als A gekündigt wird, beruft er sich hinsichtlich der Kündigungsfrist auf die gesetzliche Regelung (7 Monate), hinsichtlich des Kündigungstermins (Quartalsende) jedoch auf den Arbeitsvertrag. Hier „pickt" sich der A von jeder Regelung das Beste, nämlich die „Rosinen" heraus. Dies ist grds. nicht zulässig.

Bestehen Konkurrenzen auf der *gleichen Rangstufe,* so gilt das Spezialitätsprinzip bzw. der Anwendungsvorrang. Die speziellere geht dann der allgemeineren Regelung vor.

1.2 Die einzelnen Gestaltungsfaktoren

1.2.1 Supranationales Arbeitsrecht, insbes. EU-Recht

Praktisch wichtige Bestimmungen sind hierbei Art. 45-48 AEU, welche die *Freizügigkeit der Arbeitnehmer* regeln sowie Art. 157 AEU, der die unmittelbare und mittelbare *Frauendiskriminierung* verbietet.

1.2.2 Verfassungsrecht

Das Arbeitsrecht ist *Sonderrecht des Arbeitnehmers* und daher in besonderer Weise dem *Sozialstaatsprinzip,* das aus Art. 20 Abs. 1, 28 Abs. 1 S. 1 des Grundgesetzes (GG) hergeleitet wird, verpflichtet. Rechtsnormen, die gegen das Verfassungsrecht, insbesondere gegen *Grundrechte* verstoßen, sind grds. nichtig. Bedeutsame Grundrechte sind vor allem Art. 3 (Gleichberechtigung von Mann und Frau, Verbot der willkürlichen Behandlung eines Arbeitnehmers wegen seiner Abstammung, Rasse, Sprache etc.) und die Artikel 9 (Koalitionsfreiheit) und 12 (Berufsfreiheit) des Grundgesetzes (GG).

Nach heute ganz herrschender Meinung gelten Grundrechte jedoch – mit Ausnahme des Art. 9 Abs. 3 GG – im Arbeits-

14

verhältnis nicht unmittelbar. Es findet vielmehr nur eine *mittelbare Anwendung* bei der Auslegung von privatrechtlichen Generalklauseln (§§ 138, 242, 315 BGB) und sonstigen unbestimmten Rechtsbegriffen statt, vgl. Lektion 5, Seite 40.

Gleichwohl hat die Rechtsprechung direkt aus dem Gleichheitsgrundrecht des Art. 3 Abs. 1 GG den arbeitsrechtlichen **Gleichbehandlungsgrundsatz** hergeleitet. Dieser besagt, dass der Arbeitgeber einzelne Arbeitnehmer im Vergleich zu anderen Arbeitnehmern, die sich gruppenmäßig in einer vergleichbaren Lage befinden, nicht schlechter stellen darf, wenn er dazu keinen sachlichen Grund hat. In die vergleichenden Betrachtungen sind alle Arbeitnehmer des Unternehmens einzubeziehen. Anspruchsgrundlage ist in solchen Fällen § 611 Abs. 1 BGB i. V. m. dem arbeitsrechtlichen Gleichbehandlungsgrundsatz.

1.2.3 Zwingendes Gesetzesrecht

Hierunter fallen insbesondere das Arbeitsschutzgesetz (ArbSchG), Arbeitszeitgesetz (ArbZG), Heimarbeitsgesetz (HAG), Jugendarbeitsschutzgesetz (JArbSchG), Mutterschutzgesetz (MuSchG), Bundeselterngeld- und Elternzeitgesetz (BEEG), Bundesurlaubsgesetz (BUrlG). Besonders klausurrelevant sind das Kündigungsschutzgesetz (vgl. Lektion 7, S. 59) und das Entgeltfortzahlungsgesetz (EFZG, vgl. Lektion 4, S. 27). Zur Unabdingbarkeit der *Fürsorgepflichten* vgl. § 619 BGB.

1.2.4 Tarifverträge und Betriebsvereinbarungen

Zu beachten ist hierbei, dass die Tarifvertragsparteien und Betriebspartner *Rechtsetzungsbefugnisse* besitzen.

1.2.4.1 Der Tarifvertrag

Der Tarifvertrag regelt gemäß § 1 Abs. 1 TVG die Rechte und Pflichten der Vertragspartner untereinander (= *obligatorischer bzw. schuldrechtlicher Teil*). Der *normative Teil* regelt hingegen die Bedingungen bezüglich des Abschlusses, Inhalts und der Beendigung von Arbeitsverhältnissen. Er gilt unmittelbar und zwingend, § 4 Abs. 1 TVG. Der Tarifvertrag ist gemäß § 1 Abs. 2 TVG *schriftlich* von tariffähigen Parteien zu schließen. Er darf allerdings nicht gegen höherrangiges Recht verstoßen. Zu den Einzelheiten bzgl. Ansprüchen aus Tarifvertrag vgl. Lektion 11, Seite 113 ff.

1.2.4.2 Die Betriebsvereinbarung

Die Betriebsvereinbarung ist eine schriftliche Vereinbarung auf Betriebsebene zwischen einem einzelnen Arbeitgeber und dem Betriebsrat des Unternehmens. Sie betrifft den Inhalt, den Abschluss und die Beendigung von Arbeitsverhältnissen sowie betriebliche und betriebsverfassungsrechtliche Fragen und gilt unmittelbar und zwingend für alle Beschäftigten als „Gesetz des Betriebs". Die Betriebsvereinbarung darf aber nicht gegen höherrangiges Recht oder gegen bestimmte Grundsätze verstoßen.

Beispiel 3: Eine Vereinbarung zwischen Betriebsrat und Arbeitgeber, keine Raucherzonen im Betrieb bereitzustellen, um Nichtraucher vor den Gesundheitsgefahren und Belästigungen des Passivrauchens zu schützen, ist unter Abwägung des *Verhältnismäßigkeitsgrundsatzes* wirksam. Ein generelles Rauchverbot im Freien ist dagegen bedenklich.

1.2.4.3 Die Gesamtzusage

Bei der Gesamtzusage handelt es sich um eine die Arbeitnehmer begünstigende Zusage des Arbeitgebers, die dieser der gesamten Belegschaft oder einem Teil durch allgemeine förmliche Bekanntgabe macht.

Beispiel 4: Durch Rundschreiben am schwarzen Brett verspricht ein Arbeitgeber allen Arbeitnehmern außer B, den er dort ohne sachlichen Grund ausnimmt, eine Leistungsprämie für das laufende Jahr in Höhe von 300,00 €. Für die Arbeitnehmer ergibt sich ein Zahlungsanspruch aus dem Arbeitsvertrag (§ 611 BGB) i.V.m. der Gesamtzusage, der Anspruch des B beruht auf dem Arbeitsvertrag i. V. m. der Gesamtzusage und dem arbeitsrechtlichen Gleichbehandlungsgrundsatz (s. o. 1.2.2, Seite 14).

16

1.2.4.4 Die betriebliche Übung

Unter einer betrieblichen Übung versteht man das Entstehen
einer rechtlichen Bindung durch regelmäßiges Wiederholen
bestimmter Verhaltensweisen, aus denen auf einen konkreten, in die Zukunft gerichteten Rechtsbindungswillen geschlossen werden kann. Durch **dreimaliges vorbehaltloses
Gewähren** einer **freiwilligen Leistung** (z.B. Zahlung einer
Weihnachtsgratifikation) ist auf den Verpflichtungswillen des
Arbeitgebers zu schließen. Die Annahme durch die Arbeitnehmer erfolgt dabei konkludent (§ 151 S. 1 BGB). Die Ab-
standnahme von einem aufgrund betrieblicher Übung ent-
standenen Anspruch ist nur durch Betriebsvereinbarung,
Änderungsvertrag oder Änderungskündigung möglich.

1.2.5 Der Arbeitsvertrag

Der Arbeitsvertrag ist Ausfluss der Privatautonomie, wird jedoch durch die Arbeitnehmerschutzbestimmungen sehr eingeschränkt.

1.2.6 Dispositives Gesetzesrecht

Arbeitgeber und Arbeitnehmer können vereinbaren, dass
eine bestimmte Vorschrift nicht gilt, also *abbedungen* wird,
sofern das Gesetz dies zulässt, also zur *Disposition* der Parteien steht.

Beispiel 5: Dispositiv ist z.B. § 616 BGB.

1.2.7 Das Direktionsrecht des Arbeitgebers

Durch das Weisungsrecht ist der Arbeitgeber berechtigt, in
den Grenzen des Arbeitsvertrages die Vertragspflichten seines Arbeitnehmers zu konkretisieren, z.B. indem er festlegt,
dass bestimmte Aufgaben Vorrang haben, vgl. Lektion 5,
Seite 39.

Lektion 3: Der Arbeitsvertrag

1. Das Zustandekommen

Grundsätzlich gelten für beide Vertragsparteien die Regelungen der allgemeinen Vertragslehre. Der Arbeitsvertrag kommt also durch übereinstimmende Willenserklärungen – Angebot und Annahme gemäß § 145 ff. BGB - zustande. Beide Seiten können dabei frei entscheiden, ob und mit wem sie ein Arbeitsverhältnis begründen, sog. *Abschlussfreiheit*. Der Vertrag kann auch *mündlich*, d. h. formfrei geschlossen werden, soweit andere (tarifvertragliche) Bestimmungen dem nicht entgegenstehen. Nach ganz h. M. wird das Arbeitsverhältnis bereits durch den Abschluss des Vertrags begründet und nicht erst durch die tatsächliche Einstellung des Arbeitnehmers, sog. *Vertragstheorie*.

Die Gestaltungsfreiheit über den *Inhalt* des Arbeitsverhältnisses unterliegt allerdings den Beschränkungen der auf S. 14 aufgezählten Arbeitsschutzbestimmungen sowie der Tarifverträge und Betriebsvereinbarungen. Widersprechen einzelne Vereinbarungen im Arbeitsvertrag gesetzlichen oder tariflichen Normen, so ist im Regelfall nicht der Arbeitsvertrag nichtig, sondern es gilt statt der arbeitsvertraglichen Abrede das Gesetz bzw. der Tarifvertrag. Dies gilt vor allem für die Frage, ob ein Arbeitsvertrag **befristet** werden kann (dazu im Einzelnen Lektion 9 S. 93 ff.).

Der privatrechtliche Arbeitsvertrag stellt immer eine Sonderform des Dienstvertrags i. S. v. §§ 611 ff. BGB dar. In den meisten Fällen wird er durch Gesetz, Tarifvertrag, betriebliche Übung und das Direktionsrecht noch hinreichend konkretisiert bzw. modifiziert.

Zu beachten ist, dass der **Minderjährige** gemäß § 113 BGB selbst den *Arbeitsvertrag* abschließen kann, wenn er dazu von seinem gesetzlichen Vertreter (regelmäßig den Eltern) *ermächtigt* wurde. Er kann dann auch solche Rechtsgeschäfte vornehmen, welche die Eingehung oder Aufhebung eines Dienst- oder Arbeitsverhältnisses der gestatteten Art oder die Erfüllung der sich aus einem solchen Verhältnis ergebenden Verpflichtungen betreffen. Dazu gehört z.B. die Eröffnung eines Girokontos. § 113 BGB gilt hingegen nicht für den *Berufsausbildungsvertrag*, da hier kein Dienst- oder Arbeitsvertrag vorliegt, sondern der *Ausbildungszweck* (vgl. § 1 Abs. 2 Berufsbildungsgesetz) überwiegt. Deshalb verbleibt es hier bei den allgemeinen Regeln der §§ 106 ff. BGB.

2. Ausnahmen von der Vertragsfreiheit

Wie eben dargelegt, unterliegt die Vertragsfreiheit einigen gesetzlichen Einschränkungen:

- Wichtige Vorgaben enthält das Allgemeine Gleichbehandlungsgesetz (AGG, dazu im Einzelnen Lektion 10 S. 103 ff.). Gemäß §§ 6 Abs. 1, 7 Abs. 1 AGG darf der Arbeitgeber den Bewerber bzw. die Bewerberin nicht *benachteiligen.* Verstößt der Arbeitgeber gegen diese Vorschrift und liegen die Voraussetzungen der §§ 8 bis 10 AGG nicht vor, steht dem diskriminierten Bewerber zwar kein Anspruch auf Einstellung, aber nach § 15 Abs. 2 AGG immerhin ein Anspruch auf angemessene Entschädigung zu.
- Kinder (= Personen unter 15 Jahren) dürfen gemäß § 5 Abs. 1 JArbSchG grundsätzlich nicht beschäftigt werden.
- Für Schwerbehinderte trifft § 81 Abs. 2 SGB IX Regelungen zum Verbot ihrer Benachteiligung bei der Einstellung und dem beruflichen Aufstieg. Gemäß § 15 Abs. 2 AGG kann der schwerbehinderte Mensch eine Entschädigung bei einem Verstoß gegen das Benachteiligungsverbot erhalten.
- Die Abschlussfreiheit des *öffentlichen Arbeitgebers* ist durch Art. 33 Abs. 2 GG eingeschränkt. Eignung, Befähigung und fachliche Leistung sollen über die Zuweisung freier Arbeitsplätze an die Bewerber entscheiden.

3. Die Anfechtung des Arbeitsvertrags

Der Arbeitsvertrag kann (wie jeder andere Vertrag auch) gemäß §§ 119 ff., 123 BGB angefochten werden.

3.1 Anfechtungserklärung

Gemäß § 143 Abs. 1 BGB erfolgt die Anfechtung durch Erklärung gegenüber dem Anfechtungsgegner. Kommt in der Erklärung des Arbeitgebers (oder Arbeitnehmers) das Wort „Anfechtung" nicht vor, muß gemäß §§ 133, 157 BGB ausgelegt werden, ob nicht möglicherweise eine *Kündigung* gemeint ist. Für eine Anfechtung reicht aus, wenn der Anfechtende deutlich macht, dass er den Vertrag wegen eines *Willensmangels* nicht gelten lassen möchte.

Beispiel 1: A wurde von seinem Arbeitnehmer bei Vertragsschluß *arglistig getäuscht* und möchte die Einstellung rückgängig machen.

3.2 Anfechtungsgründe

3.2.1 Irrtum über verkehrswesentliche Eigenschaft

Gemäß § 119 Abs. 2 BGB ist die Anfechtung aufgrund eines Irrtums über eine verkehrswesentliche Eigenschaft möglich. Die Eigenschaft ist verkehrswesentlich, wenn sie nach der Verkehrsanschauung für das fragliche Rechtsgeschäft von wesentlicher Bedeutung ist. Hierunter fallen sowohl Eigenschaften der Person als auch tatsächliche Verhältnisse.

Beispiel 2: Arbeitgeber A hat sich über eine bestehende Schwangerschaft seiner Arbeitnehmerin geirrt bzw. hatte bei Vertragsschluß keine Kenntnis davon. Für ihn war diese Eigenschaft wesentlich, da er bei Kenntnis möglicherweise den Vertrag nicht oder nicht so abgeschlossen hätte. Kann A den Arbeitsvertrag gemäß § 119 Abs. 2 anfechten?

Lösung: Eine Eigenschaft setzt eine *gewisse Dauer* voraus. Die Schwangerschaft stellt jedoch nur einen *vorübergehenden Zustand* dar und ist daher nach Ansicht des BAG nicht verkehrswesentlich.

Beispiel 3: Ehrlichkeit und Vertrauenswürdigkeit sind wichtige Eigenschaften eines Kassierers. Stellt sich nach Abschluss des Arbeitsvertrags heraus, dass eine einschlägige Vorstrafe nicht angegeben wurde, kann der Arbeitgeber nach § 119 Abs. 2 BGB anfechten.

3.2.2 Arglistige Täuschung

Eine arglistige Täuschung durch bewußte Falschbeantwortung einer Einstellungsfrage liegt nur vor, wenn die Frage **zulässig** war.

Hierbei ist ein Interessenwiderstreit zu beachten: einerseits hat der Arbeitgeber vor Abschluß des Vertrages ein Interesse daran, möglichst viel über den Stellenbewerber zu erfahren, andererseits ist der Arbeitnehmer daran interessiert, möglichst wenig von seinen privaten Lebensumständen ggü. einer ihm fremden Person zu offenbaren.

Aufgrund dieses Konflikts unterliegt das Fragerecht des Arbeitgebers Beschränkungen. Er darf dem Bewerber nur Fragen stellen, die für den Arbeitsplatz *erheblich* sind. Bei *unerheblichen* Fragen hat der Bewerber aufgrund seines schutzwürdigen **Allgemeinen Persönlichkeitsrechts** (hergeleitet aus Art. 1 GG i.V.m. Art. 2 I GG) ein „Recht zur Lüge". Der Arbeitgeber kann dann den Arbeitsvertrag wegen dieser Lüge nicht anfechten!

Zulässig sind also nur Fragen, die *konkrete Bedeutung* für den zu besetzenden Arbeitsplatz haben, z.B. beruflicher Werdegang, bisherige Gehaltshöhe.

Ob der Arbeitgeber nach der **Schwerbehinderteneigenschaft** fragen darf, ist streitig. Das Bundesarbeitsgericht (BAG) hat diese Frage lange mit folgender Begründung **bejaht:** Ist der Stellenbewerber als Schwerbehinderter anerkannt, knüpfen sich daran für den Arbeitgeber während der gesamten Dauer des Arbeitsverhältnisses zahlreiche gesetzliche Pflichten nach dem SGB IX. Diese begründeten ein berechtigtes Interesse des Arbeitgebers, den Stellenbewerber bei den Einstellungsverhandlungen nach dem Schwerbehindertenstatus zu fragen. Aufgrund des neu geschaffenen Allgemeinen Gleichbehandlungsgesetzes (AGG) und der zwischenzeitlich neu geschaffenen §§ 81 ff. SGB IX dürfte diese Rechtsprechung allerdings nicht mehr aufrecht zu erhalten sein.

Ein Fragerecht bzgl. einer Schwerbehinderung besteht somit nur im laufenden Arbeitsverhältnis. Dementsprechend hat das BAG mit Urteil vom 16.2.2012 - 6 AZR 553/10 auch entschieden, dass die Frage des Arbeitgebers nach der Schwerbehinderung bzw. einem diesbezüglich gestellten Antrag im **bestehenden Arbeitsverhältnis** jedenfalls nach 6 Monaten, d.h. ggf. nach Erwerb des Behindertenschutzes gemäß §§ 85 ff. SGB IX, zulässig ist. Das gelte insbesondere zur Vorbereitung von beabsichtigten Kündigungen.

Die Frage nach einer (einfachen) **Behinderung** ist dagegen nur zugelassen, wenn die Behinderung erfahrungsgemäß die Eignung des Stellenbewerbers für die vorgesehene Tätigkeit beeinträchtigt.

Bei Vertrauenspositionen (Kassierer, Prokurist) ist auch die Frage nach **Vorstrafen** wegen Untreue, Diebstahl, Unterschlagung zulässig. Relevant sind allerdings nur Vorstrafen, die noch nicht im Zentralregister gelöscht sind. Auch bei sog. **Tendenzbetrieben** können tiefergehende persönliche Fragen zulässig sein. Ein Tendenzbetrieb liegt insbesondere vor, wenn das Unternehmen *politischen* oder *konfessionellen* Bestimmungen dient.

Beispiel 4: Privatschule, Kindergarten oder Krankenhaus in kirchlicher Trägerschaft sowie Partei- oder Gewerkschaftseinrichtungen.

Bei **Krankheiten** gilt: Sofern die Arbeitsfähigkeit durch den schlechten Gesundheitszustand schwerwiegend beeinträchtigt und gemindert wird, besteht ein Fragerecht. Die Frage nach der **Aids-Erkrankung** (= Ausbruch der Krankheit) ist zulässig, weil die Leistungsfähigkeit dadurch erheblich herabgesetzt ist. Inwieweit ein Fragerecht zur bloßen **HIV-Infektion** besteht, ist dagegen umstritten. Befürwortet wird das Fragerecht wegen der Ansteckungsgefahr zumindest dann, wenn der Bewerber in ärztlichen Heilberufen oder im Lebensmittelbereich tätig werden will.

22

Unzulässig sind insbesondere folgende Fragen:

- **Intime Fragen,** die in keinem Zusammenhang mit der zu leistenden Arbeit stehen.

  Beispiel 5: Die Frage „Nehmen Sie die Anti-Baby-Pille?" ist unzulässig. Die Frage nach möglicher Homosexualität wäre bei einer Stellenbewerbung als Barchef in einem Männer-Sauna-Club aber durchaus zulässig.

- Die Frage nach der **Schwangerschaft** vor Einstellung einer Arbeitnehmerin enthält in der Regel eine unzulässige Benachteiligung wegen des Geschlechts und verstößt damit gegen das Diskriminierungsverbot des § 7 AGG. Gleichgültig ist hierbei, ob sich nur Frauen oder auch Männer um den Arbeitsplatz bewerben.

- Fragen zu der **Konfessions-, Gewerkschafts- oder Parteizugehörigkeit.**

- Fragen zu den **Vermögensverhältnissen.**

Zu beachten ist, dass bei Fragen, die unzulässig sind, grundsätzlich auch keine verkehrswesentliche Eigenschaft gemäß § 119 Abs. 2 BGB (s.o.) vorliegt.

Eine arglistige Täuschung kann auch durch **Unterlassen** geschehen. Stellt der Arbeitgeber beim Vorstellungsgespräch selbst keine Fragen, dann kommt eine Täuschung des Bewerbers in Betracht, wenn er *bewußt Tatsachen verschweigt.* Voraussetzung ist, dass dem Bewerber eine *Offenbarungspflicht* obliegt. Diese ergibt sich nach dem BAG nur dann, wenn der Arbeitgeber eine Aufklärung nach Treu und Glauben erwarten durfte.

Beispiel 6: Bei einem Beschäftigungs- oder Berufsverbot (z.B. als Taxi- oder LKW-Fahrer) besteht eine Offenbarungspflicht des Bewerbers.

3.3 Anfechtungsfrist

Die Anfechtung muss in dem Fall des § 119 BGB gemäß § 121 BGB ohne schuldhaftes Zögern erfolgen. Hierbei finden nach h. M. die Grundsätze des **§ 626 Abs. 2 BGB** entsprechende Anwendung, d. h. die Frist beträgt *zwei Wochen* nach Erlangung der Kenntnis. Die Anfechtung wegen arglistiger Täuschung kann dagegen gemäß § 124 Abs. 1 BGB binnen eines Jahres erfolgen.

3.4 Rechtsfolgen

Es besteht ein sog. faktisches bzw. fehlerhaftes Arbeitsverhältnis. Die Anfechtung hat regelmäßig zur Folge, dass der Vertrag rückwirkend – also ex tunc – nichtig wird, § 142 Abs. 1 BGB. Die gegenseitig erbrachten Leistungen müssten dann nach §§ 812 ff. BGB rückabgewickelt werden. Dies führt dazu, dass der Arbeitnehmer, der ja schon seine Arbeitsleistungen erbracht hat, keinen vertraglichen Anspruch auf Lohn hätte. Dadurch entstehen – wie bei allen *Dauerschuldverhältnissen* - Rückabwicklungsschwierigkeiten. Daher ist im Arbeitsrecht stets zu fragen: War das Arbeitsverhältnis schon **in Vollzug gesetzt?**

- Falls ja: Die Anfechtung wirkt (wie eine Kündigung) lediglich für die Zukunft (ex nunc)
- Falls nein: Die Anfechtung wirkt rückwirkend (ex tunc).

3.5 Das faktische Arbeitsverhältnis

Es kann vorkommen, dass der Arbeitsvertrag fehlerhaft und deshalb unwirksam ist. Dies würde eigentlich dazu führen, dass der Arbeitnehmer keinerlei vertragliche Ansprüche auf Entgelt hätte. Für die von ihm geleistete Arbeit könnte er lediglich auf das Bereicherungsrecht zurückgreifen. Hierbei würde ihm das Risiko auferlegt, dass der Arbeitgeber den Wegfall der Bereicherung (§ 818 Abs. 3 BGB) geltend macht.

Um diesem unbilligen Ergebnis zu entgehen, wurde die Rechtsfigur des faktischen Arbeitsverhältnisses entwickelt. Das **faktische Arbeitsverhältnis** setzt voraus, dass

- ein fehlerhafter Arbeitsvertrag z.b. wegen Dissens, Nichtigkeit nach § 105 BGB oder Anfechtung nach §§ 119 ff. BGB vorhanden ist;
- die Arbeit aufgenommen wurde, sog. Vollzug des Arbeitsvertrags;
- keine überwiegenden Interessen Einzelner oder der Allgemeinheit entgegenstehen.

Rechtsfolge ist, dass das Arbeitsverhältnis für die Vergangenheit wie ein wirksames Arbeitsverhältnis behandelt wird. Das heißt, der Arbeitnehmer hat seinen Lohnanspruch, Ansprüche auf Zeugnis, Urlaub usw.

Beispiel 7: Sachbearbeiter A und Arbeitnehmer B schließen einen Arbeitsvertrag. Dieser ist jedoch nichtig, da A die Vollmacht zum Vertragsabschluss fehlte und auch später keine Genehmigung nach § 177 BGB erfolgte. B hatte seine Arbeit bereits aufgenommen und zumindest er ging davon aus, dass der Vertrag gültig sei. Kann B für die geleistete Arbeit Lohnzahlung verlangen?

Lösung: Nach den Grundsätzen des faktischen Arbeitsverhältnisses kann B trotz fehlenden Arbeitsvertrags Lohnzahlung verlangen.

3.6 Ersatz der Vorstellungskosten

Auch wenn kein Arbeitsvertrag zustande gekommen ist, kann der Arbeitnehmer unter bestimmen Umständen einen Anspruch auf Ersatz der **Vorstellungskosten** geltend machen.

Beispiel 8: Arbeitgeber A fordert den Interessenten B zum Vorstellungsgespräch auf. B nimmt daraufhin einen weiten Anfahrtsweg von 600 Kilometern in Kauf und übernachtet vor Ort. A stellt den B nicht ein. Kann B trotzdem die Hotel-, Fahrt-, und Verpflegungskosten von A verlangen?

Lösung: Hier ist i. S. d. § 662 BGB von einem Auftrag des Arbeitgebers auszugehen. Der beauftragende Arbeitgeber hat dem interessierten Arbeitsuchenden dessen Aufwendungen in den Grenzen des **§ 670 BGB** zu ersetzen.

Ein Aufwendungsersatz kommt allerdings nicht in Betracht, wenn der Bewerber sich *unaufgefordert* in den Betrieb des Arbeitgebers begibt. Dann trägt er die Kosten selbst. § 670 BGB setzt weiter voraus, dass der Bewerber nur solche Kosten verursacht, die er den Umständen nach *für erforderlich* halten darf. Die Kosten für Luxushotels, Bahnfahrten in der ersten Klasse usw. werden damit im Regelfall nicht über § 670 BGB ersetzt.

▸ **Literatur zu dieser Lektion**

📖 Greifswald, **JA** 1994, 532 (Anfechtung - Grundlagen)

📖 Löwisch/Kaiser, **Jura** 1998, 360 (Anfechtung - Klausur)

Lektion 4: Die Pflichten des Arbeitgebers

---

1. Lohnfortzahlung (Hauptpflicht) **2. Fürsorgepflichten** **3. Gewährung von Ansprüchen aus betrieblicher Übung**

1. Lohnfortzahlung

Die Hauptpflicht des Arbeitgebers ist die Entgeltzahlung. Anspruchsgrundlage für den Vergütungsanspruch ist § 611 BGB i. V. m. dem Arbeitsvertrag. In der Regel ist die Vergütung in Geld vereinbart, wobei der Arbeitgeber den Bruttolohn schuldet. Dessen konkrete Höhe ergibt sich entweder aus dem Tarifvertrag oder aus dem zugrundeliegenden Arbeitsvertrag. Der Arbeitgeber hat bei der Auszahlung diesen Bruttobetrag um die gesetzlichen Abzüge, wie beispielsweise Steuer, Solidaritätszuschlag und Sozialversicherungsabgaben, zu kürzen.

Das Entgelt muss erst nach der Dienstleistung gezahlt werden, § 614 BGB. Der Arbeitnehmer ist somit **vorleistungspflichtig**, aufgrund der Vertragsautonomie sind abweichende Vereinbarungen jedoch zulässig. Grundsätzlich gilt: **„Ohne Arbeit kein Lohn"**.

Es kommt jedoch vor, dass der Arbeitnehmer aus besonderen Gründen seiner Arbeitsleistung nicht nachkommen kann. In diesen bestimmten Fällen ist der Arbeitgeber ausnahmsweise dazu verpflichtet, den Lohn auszuzahlen, ohne dass für ihn ein Anspruch auf Arbeitsleitung besteht. Dazu ist jedoch jeweils eine besondere Rechtsgrundlage erforderlich. Liegt diese vor, steht dem Arbeitnehmer ein Anspruch auf „Lohn ohne Arbeit" zu.

Fallgruppen „Lohn ohne Arbeit"

1.1 Leistungsverhinderung des ArbN, § 616 BGB
1.2 Krankheit des ArbN, § 3 Entgeltfortzahlungsgesetz
1.3 Vergütung bei Urlaub, § 1 BUrlG
1.4 Vergütung bei Mutterschaftsurlaub, § 11 MuSchG
1.5 Annahmeverzug des Arbeitgebers, §§ 615, 293 BGB
1.6 Vom ArbG versch. Unmöglichkeit, § 326 Abs. 2 BGB
1.7 Betriebsrisiko des Arbeitgebers, § 615

1.1 Leistungsverhinderung des Arbeitnehmers

Zu beachten ist zunächst, dass die Arbeitsleistung eines Arbeitnehmers grundsätzlich zeitbezogen ist. Ausgefallene Arbeit – aus welchen Gründen auch immer – ist daher nicht nachholbar. Die Arbeitspflicht hat also einen *Fixschuldcharakter*, d. h., wenn nicht gearbeitet wurde, liegt Unmöglichkeit vor. Grundsätzlich entfällt der Lohnanspruch des Arbeitnehmers in einem solchen Fall gemäß § 326 Abs. 1 S. 1 BGB.

Hinweis: Diese Betrachtungsweise wird den modernen Formen von Arbeitsverhältnissen nicht immer gerecht, so z. B. bei Gleitzeitarbeit oder Arbeitszeitkonten. Neuerdings wird daher teilweise u.a. eine relative Fixschuld angenommen.

Ist der Arbeitnehmer jedoch aus **persönlichen Gründen** vorübergehend verhindert, gibt **§ 616 BGB** dem Arbeitnehmer einen Anspruch auf die Vergütung.

Beispiel 1: Unter § 616 BGB fallen z.B. die schwere Krankheit eines nahen Angehörigen, die Niederkunft der Ehefrau, der Tod oder die Erkrankung des Ehepartners o. Kindes (wenn niemand anders die Krankenpflege übernehmen kann), die Ablegung von Prüfungen, eine gerichtliche Ladung, der Brand der Wohnung, die Wahrnehmung gewerkschaftlicher Pflichten und die Heirat; der Arztbesuch nur dann, wenn ein Termin außerhalb der Arbeitszeit trotz Bemühen des Arbeitnehmers nicht zu vereinbaren war.

Voraussetzungen des § 616 BGB

- **Verhinderung** des Arbeitnehmers an der Arbeitsleistung für eine verhältnismäßig nicht erhebliche Zeit. In der Regel sind nur wenige Tage gedeckt.
- Es muss ein **in seiner Person** oder seinen persönlichen Verhältnissen liegender Grund gegeben sein. Ein solcher Grund ist nicht die krankheitsbedingte Arbeitsunfähigkeit, denn dann gilt § 3 EFZG (s.u.).
- **Ohne Verschulden.** Als Verschulden gilt nur eine leichtsinnige, unverantwortliche Selbstgefährdung oder ein *grober* Verstoß.

Der Verhinderungsgrund muss also gerade *in der Person* des Arbeitnehmers liegen und darf sich nicht auf einen größeren Personenkreis erstrecken.

Beispiel 2: Bei Verkehrsstau, Eisglätte, Schneeverwehungen, Smogalarm, starkem Nebel, Naturkatastrophen oder politischen Unruhen liegen die Gründe für das Arbeitshindernis nicht in der Person des Arbeitnehmers selbst, sondern erstrecken sich auf einen größeren Personenkreis.

1.2 § 3 Entgeltfortzahlungsgesetz

Die Zahlung des Arbeitsentgelts im Krankheitsfall und an Feiertagen regelt das Entgeltfortzahlungsgesetz. Anspruchsgrundlage des Arbeitnehmers auf Entgeltzahlung ist der **Arbeitsvertrag i. V. m. § 3 EFZG** (für den Feiertagslohn ist auf § 2 Abs. 1 EFZG abzustellen; die Feiertage werden von den Bundesländern festgelegt, da dies gem. Art. 70 Abs. 1 GG in ihre Gesetzgebungskompetenz fällt). Sind die Voraussetzungen dieser Vorschrift gegeben, steht dem Arbeitnehmer gemäß §§ 3 Abs. 1, 4 Abs. 1 EFZG ein Entgeltfortzahlungs-anspruch in Höhe der ausgefallenen Vergütung zu, sog. *Lohnausfallprinzip.*

Gemäß § 5 Abs. 1 EFZG ist der Arbeitnehmer verpflichtet, dem Arbeitgeber die Arbeitsunfähigkeit und deren voraus-sichtliche Dauer unverzüglich mitzuteilen. Dauert die Arbeitsunfähigkeit länger als drei Kalendertage, hat der Arbeitnehmer eine ärztliche Bescheinigung über das Bestehen der Arbeitsunfähigkeit sowie deren voraussichtliche Dauer spätestens an dem darauf folgenden Arbeitstag vorzulegen. Gemäß § 7 EFZG ist der Arbeitgeber berechtigt, die Fortzahlung des Arbeitsentgelts zu verweigern, solange der Arbeitnehmer die von ihm nach § 5 Abs. 1 EFZG vorzulegende ärztliche Bescheinigung nicht vorlegt.

Voraussetzungen des § 3 EFZG

- Wirksames Arbeitsverhältnis, welches mindestens **vier Wochen** ununterbrochen andauert, § 3 Abs. 3 EFZG.
- Eine Arbeitsverhinderung infolge einer auf **Krankheit** beruhenden Arbeitsunfähigkeit. Die Krankheit muss die alleinige Ursache für die Arbeitsverhinderung sein.
- **Ohne Verschulden** des Arbeitnehmers. Es gilt nicht der strenge Verschuldensmaßstab des § 276 BGB. Verschulden meint hier Verschulden gegen sich selbst, also ein grober Verstoß gegen das von einem verständigen Menschen im eigenen Interesse zu erwartende Verhalten.
- Beschränkung auf die Dauer von **sechs Wochen**. Nach Ablauf der Sechs-Wochen-Frist erhält der Arbeitnehmer Krankengeld gemäß §§ 44, 48 SGB V für 78 Wochen bei Arbeitsunfähigkeit wegen derselben Krankheit.

Der 6-Wochen-Zeitraum beginnt laut BAG nach dem letzten Tag der 4-wöchigen Wartezeit.

Beispiel 3: A fängt am 03.03. als Kassierer in einem Supermarkt an. Die gesetzliche Wartezeit von 4 Wochen (§ 3 Abs. 3 EFZG) läuft bis zum 30.03. Schon am 06.03. erkrankt A an einer Grippe und kann bis zum 14.03. nicht arbeiten. A erhält für die Krankheitstage wegen § 3 Abs. 3 EFZG keine Entgeltfortzahlung. Würde die Krankheit aber über den 30.03. hinaus andauern, könnte A ab 30.03. für 6 Wochen Entgeltfortzahlung verlangen.

Jede **neue Krankheit** (nicht dieselbe!) löst einen erneuten Lohnfortzahlungsanspruch von sechs Wochen aus, vgl. § 3 Abs.1 S. 2 EFZG.

Beispiel 4: A ist 5 ½ Wochen krank wegen Grippe. Dann geht er einen Tag lang arbeiten. Doch schon am nächsten Tag erkrankt A an einer Blinddarmentzündung. A hat nun einen neuen Anspruch auf Entgeltfortzahlung für die Dauer von sechs Wochen.

Beispiel 5: Arbeitnehmer A stürzte mit seinem Fahrrad, da er einem Hund ausweichen musste, der ohne Rücksicht auf Verluste ihm entgegen lief, um den Anschluss an eine Hündin nicht zu verlieren. Hierbei zog A sich mehrere Prellungen und eine Gehirnerschütterung zu. Er konnte sechs Wochen nicht arbeiten. Nachdem er die Arbeit 2 Tage aufgenommen hatte, konnte er 10 Tage wegen starker Kopfschmerzen infolge der Gehirnerschütterung nicht arbeiten. - Fraglich ist, ob dasselbe Grundleiden besteht. Bei typischen Folge- oder Fortsetzungskrankheiten ist dies zu bejahen. Eine Entgeltfortzahlung wegen der starken Kopfschmerzen infolge der Gehirnerschütterung scheidet demnach aus.

Problematisch ist regelmäßig die Frage des **Verschuldens.** Allgemein auftretende Erkrankungen sind grundsätzlich unverschuldet. Unverschuldet sind auch die Fälle des § 3 Abs. 2 EFZG (Schwangerschaftsabbruch, Sterilisation). Arbeits- und Verkehrsunfälle sind nur bei grob fahrlässigem Verhalten verschuldet, z.B. bei unangeschnalltem Fahren oder Trunkenheitsfahrt. Die **Alkoholabhängigkeit** stellt eine Krankheit dar. Dem Arbeitnehmer ist eine Steuerung seines Verhaltens oft nicht mehr möglich. Hierbei muss immer genau auf den Einzelfall eingegangen werden.

Bei **Sportunfällen** handelt der Arbeitnehmer schuldhaft, wenn

- er sich in einer Weise sportlich betätigt, die seine Kräfte deutlich übersteigt
- er in grober Weise und leichtsinnig gegen anerkannte Regeln der jeweiligen Sportart verstößt
- die Sportart gefährlich war. Die Sportart ist gefährlich, wenn das Verletzungsrisiko bei objektiver Betrachtung so groß ist, dass auch ein gut ausgebildeter Sportler bei sorgfältiger Beachtung aller Regeln dieses Risiko nicht vermeiden kann. Sportarten wie Fußballspielen, Bergsteigen, Boxen, Skifahren sind durchaus üblich und gelten daher nicht als „gefährlich". Drachenfliegen ist nach BAG keine gefährliche Sportart im Sinne der Lohnfortzahlungsbestimmungen, wenn die bekannten Sicherheitsvorkehrungen und Regeln beachtet werden.

1.3 Vergütungsanspruch bei Urlaub

Der Arbeitgeber hat seinem Arbeitnehmer in jedem Kalenderjahr einen bezahlten Mindesturlaub zu gewähren. Die genauen Urlaubsbestimmungen regelt das BUrlG. Anderweitige Vereinbarungen können zwar getroffen werden. Solche, die zu Ungunsten des Arbeitnehmers von den gesetzlichen Regelungen der §§ 1, 2, 3 Abs. 1 BUrlG abweichen, sind gemäß § 13 Abs. 1 BUrlG aber unzulässig, es gilt die **Unabdingbarkeit.**

Die Höhe des geschuldeten **Urlaubsentgelts,** also des während des Erholungsurlaubs vom Arbeitgeber an den Arbeitnehmer weitergezahlten Entgelts, ist gemäß § 11 Abs.1 BUrlG anhand des durchschnittlichen Verdienstes der letzten 13 Wochen vor Urlaubsbeginn zu ermitteln. Daneben besteht möglicherweise ein Anspruch auf **Urlaubsgeld.** Dies ist eine über das Urlaubsentgelt hinaus gezahlte *zusätzliche* Vergütung und kann im Tarifvertrag, in der Betriebsvereinbarung, durch betriebliche Übung oder im Arbeitsvertrag geregelt werden.

Voraussetzungen des Urlaubsanspruchs nach d. BUrlG

- Erholungsurlaub kann nur während eines **bestehenden Arbeitsverhältnisses** beansprucht werden.

  Hinweis: Kann der Urlaub wegen Beendigung des Arbeitsverhältnisses nicht genommen werden, ist dieser abzugelten, § 7 Abs. 4 BUrlG.

- Der Urlaubsanspruch entsteht gemäß § 1 BUrlG jeweils am Anfang eines Kalenderjahres, der Anspruch auf vollen Jahresurlaub wird erstmalig nach einer **Wartezeit von sechs Monaten** erworben, § 4 BurlG.

  Hinweis: Maßgeblich ist die Zeit des *rechtlichen* Bestandes des Arbeitsverhältnisses. Unterbrechungen (z.B. durch Krankheit) sind unerheblich.

- Mangels günstigerer Regelungen gilt der **Mindesturlaubsanspruch** gemäß § 3 Abs. 1 BUrlG, d.h. grundsätzlich **24 Tage** bzw. 4 Wochen.

  Hinweis: Minderjährige und Schwerbehinderte erhalten bis zu 6 Tage Urlaub mehr, vgl. § 19 JArbSchG und § 125 SGB IX.

- **Vorurlaub** (eines früheren Arbeitgebers) wird angerechnet, § 6 Abs. 1 BUrlG.

- **Krankheitstage** werden nicht angerechnet, § 9 BUrlG.

- Ein **Teilurlaubsanspruch** ist möglich gemäß § 5 BUrlG.

- **Resturlaub** kann unter den Voraussetzungen des § 7 Abs. 3 BUrlG auf die ersten drei Monate des Folgejahres übertragen werden.

Nach § 8 BUrlG darf der Arbeitnehmer während seines Urlaubs keiner dem Urlaubszweck widersprechenden Erwerbstätigkeit nachgehen. Er ist daher nicht berechtigt, während seines Urlaubs zu arbeiten.

1.4 Vergütung bei Mutterschaftsurlaub, § 11 MuSchG

Gemäß § 11 MuSchG ist einer Frau, die unter § 1 MuSchG fällt, der Durchschnittsverdienst der letzten dreizehn Wochen oder der letzten drei Monate vor Beginn des Monats, in dem die Schwangerschaft eingetreten ist, weiter zu gewähren. Voraussetzung hierfür ist, dass die Frau wegen eines **Beschäftigungsverbots** nach dem MuSchG oder wegen des Mehr-, Nacht- oder Sonntagsarbeitsverbots nach dem MuSchG teilweise oder völlig mit der Arbeit *aussetzen* muss. Ein absolutes Beschäftigungsverbot gilt gemäß § 3 Abs. 2 MuSchG für die Zeit von *sechs Wochen vor* und gemäß § 6 Abs. 1 S. 1 MuSchG *acht Wochen nach* der Entbindung.

1.5 Annahmeverzug des Arbeitgebers

§ 615 i. V. m. §§ 293 ff. BGB gewährt dem Arbeitnehmer bei Annahmeverzug des Arbeitgebers einen Vergütungsanspruch. Dieser wird vor allem in den Fällen relevant, in denen der Arbeitgeber dem Arbeitnehmer fristlos kündigt und ihn sogleich „vor die Tür" setzt. Rechtsfolge des Annahmeverzugs ist, dass der Arbeitnehmer einen Anspruch auf Zahlung der Vergütung i. S. v. § 615 S. 1 BGB hat. Es findet jedoch eine Anrechnung statt, vgl. § 615 S. 2 BGB.

Beispiel 6: D. River (D) ist bei einer Geldtransport-Firma als Fahrer angestellt. Der Inhaber der Firma, S. Ecurity (E), kündigt ihm am 15.11. fristlos, da er den D des Diebstahls bezichtigt und schickt ihn nach Hause. Der Anwalt des D faxt dem E umgehend, dass D seine Arbeitskraft weiterhin anbiete. E lehnt aber dankend ab. Als der Fall am 16.12. vor dem Arbeitsgericht verhandelt wird, stellt sich heraus, dass D nicht gestohlen hat, mithin kein Grund für eine fristlose Kündigung bestand. D verlangt nun Zahlung des Lohnes für die Zeit vom 15.11. bis 16.12. Zu Recht?

Lösung: Zwar hat D vom 15.11. bis 16.12. nicht gearbeitet. Dennoch kann er seinen Lohn fordern, da E sich zu dieser Zeit im Annahmeverzug gemäß §§ 615, 293 ff. BGB befand.

- Dem Arbeitgeber muss ein **erfüllbarer Anspruch** auf Arbeitsleistung zustehen.

- Der Arbeitnehmer muss ein **ordnungsgemäßes Angebot** abgeben.

  Hinweis: Als Grundsatz zur Angebotsform gilt hier § 294 BGB, es muss also *tatsächlich* angeboten werden. Dieses Kriterium liefert jedoch gerade im Arbeitsrecht Probleme, da der Arbeitnehmer seine Arbeitsleistung nur in den seltensten Fällen tatsächlich anbietet.

  Ausreichend ist daher gemäß § 295 BGB ein *wörtliches Angebot*, wenn der Arbeitgeber bestimmt und eindeutig erklärt hat, er werde die Leistung nicht annehmen.

  Gemäß § 296 BGB ist sogar ein wörtliches Angebot nach Ansicht des BAG entbehrlich, wenn der Arbeitgeber durch eine Kündigung oder durch ein anderes Verhalten ernsthaft zu erkennen gegeben hat, dass er die Arbeitsleistung nicht annehmen werde. Denn dann hat der Arbeitgeber die erforderliche Mitwirkungshandlung - das Zur-Verfügung-Stellen des Arbeitsplatzes - unterlassen. Durch eine unberechtigte, fristlose Kündigung gerät der Arbeitgeber daher nach Ansicht des BAG automatisch in Annahmeverzug.

- Der Arbeitnehmer ist zur Arbeitsleistung **fähig und bereit, § 297 BGB.** Daran fehlt es, wenn er z.B. krank wird.

- Nach § 293 BGB darf der Arbeitgeber die angebotene Leistung grundsätzlich **nicht angenommen** haben.

34

1.6 Vom Arbeitgeber verschuldete Unmöglichkeit, § 326 Abs. 2 S. 1 1. Alt. BGB

Es kann vorkommen, dass dem Arbeitnehmer die Arbeitsleistung unmöglich ist, weil dem Arbeitgeber schuldhaft ein Fehler unterlaufen ist. In diesem Fall behält der Arbeitnehmer gemäß § 326 Abs. 2 S. 1 1. Alt. BGB seinen Anspruch.

Beispiel 7: C ist im Salon der B als Kosmetikerin angestellt. Am Mittwoch um 9 Uhr kam C wie üblich zur Arbeit, konnte aber nicht damit beginnen. Grund: B hatte kurz vorher grob fahrlässig eine Zigarette fallengelassen und so einen kleinen Brand entfacht. Daher konnte in den Räumen an diesem Tag nicht gearbeitet werden. Kann C trotzdem ihren Lohn fordern?

Lösung: C hat einen Anspruch aus §§ 611, 326 Abs. 2 S. 1 1. Alt. BGB i.V.m. dem Arbeitsvertrag, da die B für die Unmöglichkeit der Arbeitsleistung (diese ist wegen des Fixschuldcharakters der Arbeitspflicht grds. nicht mehr nachholbar) allein verantwortlich ist.

Voraussetzungen des § 326 Abs. 2 S. 1 1. Alt. BGB

* **Nachträgliche Unmöglichkeit**

  Da Arbeit grds. nicht nachholbar ist, tritt wegen des absoluten *Fixschuldcharakters* der Arbeitspflicht Unmöglichkeit ein.

* Vom **Arbeitgeber zu vertreten, §§ 276, 278 BGB**

* Anderweitiger Erwerb wird angerechnet, § 326 Abs. 2 S. 2 BGB

Abzugrenzen ist die vom Arbeitgeber zu vertretende Unmöglichkeit gemäß § 326 Abs. 2 S. 1 1. Alt. BGB vom Annahmeverzug des Arbeitgebers gemäß § 615 BGB.

Man könnte in *Beispiel 7* auch auf die Idee kommen, dass die C wegen Annahmeverzugs einen Lohnanspruch gemäß §§ 615, 293 ff. BGB gegen die B habe, weil C ihre Arbeitsleistung angeboten und B diese nicht angenommen habe.

Es stellt sich damit die Frage, wann § 615 BGB und wann § 326 Abs. 2 S. 1 1. Alt. BGB anzuwenden ist. § 615 BGB setzt jedoch voraus, dass die Leistungserbringung *möglich* ist. Als Faustregel kann man sich daher merken, dass die Fälle der *Verweigerung der Annahme* durch den Arbeitgeber unter § 615 BGB fallen, da hier meist die Leistungserbringung noch möglich wäre. Die sonstigen Fälle der verschuldeten Unmöglichkeit fallen hingegen unter § 326 Abs. 2 S. 1, 1. Alt. BGB.

B hat in *Beispiel 7* nicht die Annahme verweigert. Wegen des Brandes *bestand gar nicht die Möglichkeit*, dass C ihre Arbeit aufnahm. Daher ist nicht § 615 BGB, sondern § 326 Abs. 2 S. 1 1. Alt. BGB gegeben.

1.7 Betriebsrisikolehre

Es kann passieren, dass der Arbeitnehmer in Person zur Arbeit fähig ist, der Arbeitgeber ihn aber wegen einer Betriebsstörung nicht beschäftigen kann. Dieses sog. „Betriebsrisiko" hat dann grundsätzlich der Arbeitgeber zu tragen. Er muss also den Lohn zahlen.

Beispiel 8: Beispiele für eine Betriebsstörung sind die Unterbrechung der Stromzufuhr, Materialknappheit, Naturkatastrophen wie z.b. plötzlicher Kälteeinbruch, Ausfall von Maschinen, Überschwemmung, Brand.

Abzugrenzen ist der Begriff „Betriebsstörung", also die Störung *aus der betrieblichen Sphäre*, von folgenden Begriffen:

- **Wegerisiko:** Gibt es auf dem Weg zur Arbeit Verkehrsprobleme, z.B. Staus, trägt dieses sog. *Wegerisiko* grds. der Arbeitnehmer! Er kann keinen Lohn fordern.

- **Wirtschaftsrisiko:** Es kann vorkommen, dass die Arbeit an sich technisch zwar möglich ist, also kein Betriebsrisiko vorliegt, sie aber wirtschaftlich sinnlos ist, z.B. weil es Auftragsmangel bzw. Absatzprobleme gibt. Dieses sog. Wirtschaftsrisiko trägt grds. der Arbeitgeber! Er muss also weiter den Lohn zahlen.

- **Arbeitskampfrisiko:** Darunter versteht man eine Störung, die insbesondere auf den **Streik** von Arbeitnehmern zurückzuführen ist. Streiken Arbeitnehmer im *eigenen* Betrieb, so wird der Arbeitgeber von der Vergütungspflicht grds. frei. Wird ein Betrieb *mittelbar* betroffen, sog. **Fernwirkung** (z.B. weil bei der Zuliefer-Firma gestreikt wird), so muss der Arbeitgeber die Vergütung grds. zahlen. Anders ist es nur dann, wenn die Fernwirkungen des Streiks auf den eigenen Betrieb das Kräfteverhältnis der kämpfenden Parteien **beeinflussen**. Das ist z.B. dann der Fall, wenn die für den mittelbar betroffenen Betrieb zuständigen Arbeitnehmerverbände dieselben wie die sind, die für den Streik verantwortlich sind. Dann wiederum muss der Arbeitgeber den Lohn grds. nicht zahlen, vgl. Lektion 11, S. 115.

Voraussetzungen der Betriebsrisikolehre

- Vorliegen einer **Betriebsstörung**, die es dem Arbeitnehmer unmöglich macht, seine Dienste zu leisten.

- Die Störung ist **weder vom Arbeitgeber noch vom Arbeitnehmer zu vertreten.** Hat der Arbeitgeber die Störung zu vertreten, gilt § 326 Abs. 2 S. 1 1.Alt. BGB!

- **Keine anderweitige Regelung** des Betriebsrisikos durch Tarif- oder Arbeitsvertrag, z.B. Schlechtwettergeldregeln.

Da die Gründe der Betriebsstörung nicht in der Person des Arbeitnehmers liegen, stellt § 616 BGB nicht die passende Anspruchsgrundlage für den Entgeltanspruch dar. Vielmehr ist **§ 615 S. 3 BGB i. V. m. der Betriebsrisikolehre** einschlägig.

Liegen die Voraussetzungen der Betriebsrisikolehre vor, so hat grundsätzlich der Arbeitgeber das Risiko der Betriebsstörung zu tragen, d. h. der Arbeitnehmer hat einen Anspruch auf Entgelt. Anders ist es nur dann, wenn der Betrieb in seiner **Existenz gefährdet** ist. Dann hat der Arbeitnehmer keinen Anspruch auf Entgelt.

Der Grund dafür, dass dem Arbeitgeber das Betriebsrisiko auferlegt wird ist, dass er den Betrieb selbst organisieren kann. Auch kann er anders als der Arbeitnehmer Betriebsstörungen einkalkulieren und entsprechende Versicherungen abschließen. Jede Betriebsstörung fällt somit grds. in seinen Gefahrenkreis bzw. seine *Sphäre*. Läuft das Unternehmen gut, erhält der Unternehmer außerdem hohe Gewinne, an denen er seine Arbeitnehmer nicht zu beteiligen braucht. Umgekehrt soll er dann aber auch die Ausfälle zu tragen haben.

Lohnanspruch des Arbeitnehmers	
Grds. (-) bei ➢ **Wegerisiko** ➢ **Arbeitskampfrisiko**	**Grds. (+) bei** ➢ **Betriebsrisiko** ➢ **Wirtschaftsrisiko**

2. Fürsorgepflichten des Arbeitgebers (Nebenpflichten)

§ 618 BGB regelt die Pflicht zum **Schutz von Leben und Gesundheit des Arbeitnehmers**. Nach § 619 BGB ist dies unabdingbar. Der Arbeitgeber muss demnach genügend Sicherheitsvorkehrungen treffen, um seine Arbeitnehmer zu schützen, beispielsweise durch Zugangs- und Fluchtwege, gesicherte Belüftung und Heizung sowie ausreichende Beleuchtung. Die entsprechenden technischen Arbeitsschutzbestimmungen können hierbei herangezogen werden. Weitere Schutzpflichten ergeben sich z.B. aus § 62 HGB und §§ 28 ff. JArbSchG.

Auch das **Eigentum des Arbeitnehmers**, z. B. berechtigterweise zur Arbeit mitgebrachte Gegenstände wie Kleidung, Geldbörse, Armbanduhr, Kraftfahrzeuge, Fahrräder etc. muss der Arbeitgeber schützen. Zu seinen Verpflichtungen gehört es beispielsweise, die den Arbeitnehmern zur Verfügung gestellten Spinde mit einem Schloss zu sichern, das nicht ohne weiteres aufgebrochen werden kann.

Weiterhin besteht die Pflicht zum **Schutz des Persönlichkeitsrechts** des Arbeitnehmers.

Beispiel 12: Der Arbeitnehmer ist höflich zu behandeln. Dem Arbeitgeber obliegt außerdem die Verschwiegenheitsverpflichtung, der Nichtraucherschutz und das Verbot des heimlichen Mithörens von Telefongesprächen.

Weitere Pflichten sind die **Pflicht zur Urlaubsgewährung** und die Pflicht zur **Zeugniserteilung** gemäß § 630 BGB.

Der Arbeitnehmer hat dabei Anspruch auf Erteilung eines sog. *qualifizierten Zeugnisses*, d. h. es werden nicht nur Art und Dauer der Beschäftigung, sondern auch Leistungen und Verhalten (Kollegialität) des Arbeitnehmers berücksichtigt.

▶ **Literatur zu dieser Lektion**

📖 Pallasch, **JA** 1995, 897 (Entgeltfortzahlung - Grundlagen)

Lektion 5: Die Pflichten des Arbeitnehmers

1. Die Arbeitspflicht

Die Arbeitspflicht ist die *Hauptpflicht* des Arbeitnehmers und steht im Gegenseitigkeitsverhältnis zur Vergütungspflicht des Arbeitgebers. Da im Arbeitsvertrag nicht jede Einzelheit der Tätigkeit detailliert wiedergegeben werden kann, konkretisieren andere Gestaltungsfaktoren die Arbeitspflicht, beispielsweise der Tarifvertrag, die Betriebsvereinbarung oder aber das Direktionsrecht des Arbeitgebers.

1.1 Das Direktionsrecht des Arbeitgebers, § 106 GewO

Der Arbeitgeber kann aufgrund seines Weisungs- bzw. Direktionsrechts einseitig die im Arbeitsvertrag nur rahmenmäßig umschriebene Leistungspflicht des Arbeitnehmers nach Zeit, Ort und Art der Leistung näher bestimmen, vgl. § 106 GewO. Er kann auch einen Wechsel in der Art der Beschäftigung vorschreiben oder den Arbeitsbereich verkleinern. Der Arbeitnehmer ist grds. dazu verpflichtet, der Weisung nachzukommen. Nicht gedeckt ist jedoch die Zuweisung einer niedriger bezahlten oder geringerwertigeren Arbeit, wenn dies vertraglich so nicht vereinbart ist. Allerdings kann der Arbeitgeber im Notfall auch solche Leistungen verlangen, ebenso vorübergehend erforderliche Arbeiten wie z.B. Krankheitsvertretungen.

Übt der Arbeitgeber sein Weisungsrecht aus und erteilt eine Anweisung, ist der Arbeitnehmer grds. verpflichtet, dieser nachzukommen. Ist die Weisung rechtswidrig und daher unwirksam, braucht der Arbeitnehmer sie aber nicht zu befolgen. Die Unwirksamkeit muss anhand der konkreten Weisung geprüft werden. Rechtswidrig sind insbesondere *gesetzwidrige* Weisungen.

Beispiel 1: A arbeitet als Versicherungsfachangestellte im A-Konzern. Sie soll gemeinsam mit ihrem Vorgesetzten die letzten Bilanzergebnisse „verschönern", um dadurch die Banken zu neuen Geldzahlungen zu animieren. - Zu dieser strafbaren Handlung, einem Betrug zum Nachteil der Banken, ist A nicht verpflichtet.

Eine weitere Grenze und Einschränkung des Direktionsrechts stellen die sog. **unbestimmten Rechtsbegriffe** bzw. *Generalklauseln* dar. Über deren *Auslegung* finden Grundrechte nach h.M. *mittelbar* Anwendung im Arbeitsrecht.

Beispiele für Generalklauseln: „Billigkeit" (§ 315 Abs. 3 BGB). „Sittenwidrige" Weisungen (§ 138 BGB) oder solche, die gegen „Treu und Glauben" verstoßen (§ 242 BGB) sind unwirksam.

Wichtig ist hier insbesondere **Art. 4 GG**, das Grundrecht auf **freie Gewissensentscheidung.** Der Arbeitgeber hat demnach einen ihm offenbarten Gewissenskonflikt des Arbeitnehmers zu berücksichtigen. Maßgebend ist hierbei der sog. *subjektive Gewissensbegriff.* Dieser setzt voraus, dass der Arbeitnehmer darlegt, ihm sei wegen einer aus einer spezifischen Sachlage folgenden Gewissensnot heraus nicht zuzumuten, die an sich vertraglich geschuldete Leistung zu erbringen. Weiterhin muss eine *Interessenabwägung* zwischen dem Beschäftigungsinteresse des Arbeitgebers und der Gewissensnot des Arbeitnehmers stattfinden.

Nach dem **BAG** sind folgende Punkte in die Abwägung mit einzubeziehen:

- War der Gewissenskonflikt schon bei Vertragsschluss für den Arbeitnehmer **vorhersehbar?**

- Bedingen es betriebliche Erfordernisse, dass gerade **dieser Arbeitnehmer** mit der fraglichen Aufgabe beschäftigt wird?

- Ist in Zukunft mit **weiteren Gewissenskonflikten** zu rechnen?

Beispiel 2: C arbeitet im F-Werk in Köln. Dort wurden bisher nur PKW hergestellt. Es wird ein zusätzlicher Auftrag mit enormem Budget angenommen. Hierbei soll Panzerzubehör für eine Lieferung nach Afghanistan produziert werden. C war Kriegsdienstverweigerer aus Überzeugung und beteiligt sich gelegentlich deutschlandweit an Friedensdemos. Er lehnt daher die Arbeit an dieser Produktion ab. Nach Abschluss des Auftrages wird das F-Werk lediglich wieder PKW herstellen. Kann C sich weigern, an der Produktion mitzuarbeiten?

Lösung: Grundsätzlich ist C als Werksarbeiter dazu verpflichtet, sämtlichen Tätigkeiten im Rahmen seines Arbeitsvertrages und des Weisungsrechts nachzukommen. Dazu gehört auch die Herstellung von Panzerzubehör. Fraglich ist, ob er auch in diesem konkreten Einzelfall dazu verpflichtet ist, der Weisung seines Arbeitgebers nachzukommen. C leidet unter einem erheblichen Gewissenskonflikt, welcher bei der Einstellung *nicht vorhersehbar* war. Es ist nicht dringend erforderlich, dass ausgerechnet *er* die neue Tätigkeit verrichtet, er könnte auch an alter Stelle eingesetzt bleiben, wo weiterhin die PKW-Produktion läuft. Ferner handelt es sich nur um einen *vorübergehenden Auftrag*. C ist daher aus Gewissensgründen zur Verweigerung berechtigt.

Beispiel 3: A arbeitet als Laborantin in einer Abteilung für chemische Forschung in der B-AG in Leverkusen. Sie soll an der Entwicklung eines Mittels beteiligt werden, welches gegen Bluthochdruck hilft, aber in hohen Konzentrationen auch als Giftgas eingesetzt werden kann. A lehnt diese Weisung ab, da sie es nicht mit ihrem Gewissen vereinbaren könne, wenn dieses Mittel auch im Krieg eingesetzt würde. Zu Recht?

Lösung: A ist als Laborantin eingestellt und zu ihren Aufgaben gehört es, an der Erforschung und Entwicklung von chemischen Mitteln beteiligt zu sein. Fraglich ist, ob die erteilte Weisung gegen ihre Gewissensfreiheit verstößt. Zu beachten ist, dass viele Chemikalien sowohl für zivile als auch für militärische Zwecke verwendbar sind. Dies dürfte der A auch schon vor Ausbildungsbeginn bzw. vor Einstellung als Laborantin bekannt gewesen sein. Es war für die A absehbar, dass sie früher oder später in eine solche Lage kommen würde; der Gewissenskonflikt war für sie *vorhersehbar*. Weiterhin wird es auf Dauer immer wieder neue Projekte geben, die zweierlei Gebrauch/Wirkungen ermöglichen. Es wird immer wieder zu solchen Entscheidungen kommen. Die Berufung auf ihr Gewissen ist daher unbeachtlich.

Stellt sich eine **Unzumutbarkeit** für den Arbeitnehmer heraus und die erhebliche Gewissensentscheidung verbietet dem Arbeitgeber, eine an sich geschuldete Arbeit zuzuweisen, so kann ein in der Person des Arbeitnehmers liegender Grund vorliegen, das Arbeitsverhältnis **zu kündigen.** Es darf allerdings keine andere Beschäftigungsmöglichkeit für den Arbeitnehmer bestehen und der vom Arbeitnehmer geltend gemachte Grund darf keinen vorübergehenden Charakter haben.

1.2 Wegfall der Arbeitspflicht, § 275 BGB

Der Arbeitnehmer ist von der Arbeitspflicht grds. befreit, soweit sie für ihn oder für jedermann unmöglich ist, § 275 Abs. 1 BGB. Wurde Arbeitsleistung versäumt, ist diese grds. nicht mehr nachholbar und es liegt Unmöglichkeit vor.

2. Die Treuepflicht des Arbeitnehmers

Neben der Hauptpflicht zur Arbeit obliegen dem Arbeitnehmer eine Reihe von **Nebenpflichten.** Die **Treuepflicht** des Arbeitnehmers ist quasi das Pendant zur Fürsorgepflicht des Arbeitgebers. Aus § 242 BGB ergeben sich insbes. folgende Einzelpflichten:

- Der Arbeitnehmer ist zur **Verschwiegenheit** über *Geschäfts- oder Betriebsgeheimnisse* verpflichtet, soweit der Arbeitgeber ein schutzwürdiges Interesse hat. Geschäfts- und Betriebsgeheimnisse sind solche Tatsachen, die in Zusammenhang mit einem Geschäftsbetrieb stehen, nur einem begrenzten Personenkreis bekannt sind, nicht offenkundig sind und geheimgehalten werden sollen. Beispiele: Produktionsverfahren und die Finanzsituation des Betriebes. § 17 UWG stellt den Verrat von Geschäfts- und Betriebsgeheimnissen ausdrücklich unter Strafe.

- **Mitteilungspflicht:** es besteht eine Pflicht zur Information des Arbeitgebers z. B. bei möglichen Störungen des Betriebsablaufs.

- **Anzeige- und Nachweispflicht** im Krankheitsfall.

- **Sorgfaltspflichten,** Pflicht, sich „vertragstreu" zu verhalten und die Interessen des Arbeitgebers wahren.

Verletzt der Arbeitnehmer eine dieser Pflichten, steht dem Arbeitgeber ein Schadensersatzanspruch aus § 280 Abs. 1 BGB zu. Bei schwerwiegenden Pflichtverletzungen kommt möglicherweise eine Kündigung aus wichtigem Grund in Betracht.

3. Das Wettbewerbsverbot

Während der Dauer des Arbeitsvertrages darf der Arbeitnehmer seinem Arbeitgeber keine Konkurrenz machen. Ein Verstoß hiergegen gibt dem Arbeitgeber einen Unterlassungsanspruch; möglich ist auch ein Schadensersatzanspruch und eine Kündigung. Regelmäßig endet das Wettbewerbsverbot mit der Beendigung des Arbeitsverhältnisses.

Anderes gilt nur dann, wenn ein Wettbewerbsverbot **vertraglich vereinbart** worden ist. In diesem Fall findet die für den Handelsvertreter (= Kaufmann) geltende Vorschrift des § 90 a HGB entsprechende Anwendung. Voraussetzung für die Wirksamkeit einer solchen vertraglichen Vereinbarung ist daher, dass das Verbot nicht für einen Zeitraum vereinbart wird, der über **zwei Jahre** nach Beendigung des Arbeitsverhältnisses hinausgeht (§ 90 a S. 2 HGB analog). Außerdem muss für den Arbeitnehmer eine entsprechende finanzielle **Entschädigung** vorgesehen sein (§ 90 a S. 3 HGB analog).

▶ **Literatur zu dieser Lektion**

📖 Wank, **Jura** 1999, 31 (mittelb. Drittwirk. von GrundR - Klausur)
📖 Odendahl, **JA** 1998, 933 (934) (mittelb. Drittw. - Grundlagen)

44

Lektion 6: Ansprüche auf Schadensersatz

1. Ansprüche des ArbN nach einem Arbeitsunfall

Entstehen auf Arbeitnehmerseite durch einen **Arbeitsunfall**
Personen- und/oder Sachschäden, ist die Schadensregu-
lierung aufgrund der Sonderbeziehung zwischen Arbeitgeber und Arbeitnehmer teilweise anhand von *Spezialvor-
schriften* abzuwickeln.

> Nach § 8 Abs. 1 S. 2 SGB VII ist ein **Unfall** ein zeitlich be-
> grenztes, von außen auf den Körper einwirkendes Ereignis,
> das zu einem Gesundheitsschaden oder zum Tod führt. Er-
> leidet ein Versicherter den Unfall infolge einer den Ver-
> sicherungsschutz begründenden Tätigkeit, spricht man von
> einem **Arbeitsunfall.**

1.1. Ansprüche bei Personenschäden
**1.1.1. Ansprüche gegen die gesetzliche Unfallversich-
erung**

Grundsätzlich hat der geschädigte Arbeitnehmer bei einem
Personenschaden einen Anspruch gegen die gesetzliche
Unfallversicherung. Diese wird durch Beiträge der Arbeitgeber finanziert und findet Anwendung bei Schäden aufgrund von *Arbeitsunfällen, Wegeunfällen* und *Berufskrank-
heiten*, §§ 7, 8 SGB VII. Früher in der Reichsversicherungs-
ordnung (RVO) geregelt, sind nun die §§ 2 ff. SGB VII zu
beachten.

1.1.2. Ansprüche gegen den Arbeitgeber

Der Arbeitgeber haftet bei Pflichtverletzungen gegenüber
dem Arbeitnehmer grundsätzlich nach den allgemeinen zivilrechtlichen Vorschriften auf Schadensersatz. Bei vorsätzlicher oder fahrlässiger Schadenszufügung stehen dem Arbeitnehmer also beispielsweise grds. Ansprüche aus § 280

BGB oder aus unerlaubter Handlung gemäß §§ 823 ff. BGB zu.

> Es findet jedoch ein **Ausschluss des Anspruchs** statt: Bei *Personenschäden* gilt **§ 104 Abs. 1 SGB VII** (früher: § 636 RVO). Hiernach haftet der Arbeitgeber nur dann, wenn er den Versicherungsfall *vorsätzlich* oder *auf einem nach § 8 Abs. 2 Nr. 1 bis 4 SGB VII versicherten Weg (Wegeunfall) herbeigeführt* hat.

Als **Wegeunfall** gilt gemäß § 8 Abs. 2 Nr. 1 SGB VII jeder Unfall, der auf dem unmittelbaren Weg zwischen Wohnung und Arbeitsstätte eingetreten ist. Versichert ist grds. nur der *unmittelbare* Weg. Zu den Ausnahmen vgl. § 8 Abs. 2 Nr. 2 ff. SGB VII.

Handelte der Arbeitgeber nur **fahrlässig** und wurde der Personenschaden auch nicht von ihm auf einem *versicherten Weg herbeigeführt*, so sind Schadensersatzansprüche des Arbeitnehmers gegen den Arbeitgeber gemäß § 104 Abs. 1 SGB VII ausgeschlossen.

> Wichtig für Klausuren ist zu wissen, dass unter den Haftungsausschluss nach h. M. auch das **Schmerzensgeld** fällt. Grund: Der hinter § 104 SGB VII stehende Gedanke ist, dass Streitigkeiten grundsätzlich aus dem Arbeitsverhältnis *herausgehalten* werden sollen.

Beispiel 1: Arbeiter M ist an einer Maschine eingesetzt, an der der Schutzschalter defekt ist. Der Arbeitgeber A hat dies fahrlässig nicht überprüft. M verletzt sich an der Hand. Hat M gegen A Ansprüche auf Schadensersatz und Schmerzensgeld?

Lösung: Grundsätzlich liegt z.B. der Anspruch aus §§ 618 Abs. 3, 842 BGB vor, doch wegen § 104 SGB VII ist dieser sowie der Anspruch auf Schmerzensgeld ausgeschlossen. Das gilt selbst dann, wenn der Arbeitgeber A grob fahrlässig auf eine Nichtverletzung vertraute.

Das *vorsätzliche Handeln* eines *Vorarbeiters* kann dem Arbeitgeber u.U. gemäß § 278 BGB zugerechnet werden.

1.1.3. Ansprüche gegen den verursachenden Kollegen

Verursacht ein Kollege einen Arbeitsunfall, so findet gemäß § 105 SGB VII (früher: § 637 RVO) grds. ebenfalls ein Haftungsausschluss statt. Ein Anspruch des geschädigten Kollegen gegen den „Schädiger" kommt auch hier nur in Betracht, wenn der Schädiger den Versicherungsfall *vorsätzlich* oder *auf einem nach § 8 Abs. 2 Nr. 1 bis 4 SGB VII versicherten Weg (Wegeunfall) herbeigeführt* hat.

Beispiel 2: Arbeitnehmer A1 stößt als Baggerführer fahrlässig auf einer Baustelle eine Schubkarre mit Ziegelsteinen um. Die Steine fallen heraus und der in unmittelbarer Nähe stehende A2 wird dadurch am Fuß verletzt. - Der Anspruch des A2 gegen A 1 aus § 823 BGB ist wegen § 105 SGB VII ausgeschlossen. Auch hier ist von dem Haftungsausschluss nach h. M. das *Schmerzensgeld* umfasst.

Beispiel 3: Arbeitnehmer A1, der bei Opel in Rüsselsheim arbeitet, will nach Feierabend schnell das Werksgelände verlassen. Fahrlässig stößt er mit seinem Wagen auf dem Werksgelände mit dem Arbeitnehmer A2 zusammen. A2 wird erheblich verletzt und verlangt Schmerzensgeld von A1. Zu Recht?

Lösung: Da A1 den A2 fahrlässig am Körper verletzt hat, steht dem A2 grundsätzlich auch ein Anspruch auf Schmerzensgeld gemäß §§ 823, 253 Abs. 2 BGB zu. Fraglich ist aber, ob dieser Anspruch „unter Kollegen" nach § 105 SGB VII ausgeschlossen ist. Der grundsätzliche Ausschluss nach § 105 SGB VII erfasst nach h.M. auch den Schmerzensgeldanspruch. A1 haftet ausnahmsweise nur dann, wenn er den Unfall „durch eine betriebliche Tätigkeit" auf einem nach § 8 Abs. 2 Nr. 1 bis 4 SGB VII versicherten Weg herbeigeführt hat. Sieht man das Verlassen des Arbeitsplatzes wegen des engen Zusammenhangs mit der Arbeitsleistung bis zum Werkstor noch als eine „betriebliche Tätigkeit" an, so bedeutet dies gleichzeitig, dass der „Heimweg" nach § 8 Abs. 2 Nr. 1 SGB VII erst mit Verlassen des Werksgeländes beginnt. Demnach ist nicht der Ausnahmefall eines „Wegeunfalls" nach § 8 Abs. 2 Nr. 1 SGB VII gegeben. Der Schmerzensgeldanspruch des A2 ist also nach § 105 SGB VII ausgeschlossen.

1.2. Ansprüche bei Sachschäden
1.2.1. Ansprüche gegen den Arbeitgeber

Bei Verschulden des Arbeitgebers gelten regulär die §§ 280, 823 ff. BGB.

Beispiel 4: L, der eine KFZ-Lackierwerkstatt betreibt, überlässt dem Arbeitnehmer A fahrlässig einen undichten Schutzanzug, in der Hoffnung, es werde nichts passieren. Als A den Anzug abends auszieht, bemerkt er die Undichtigkeit. Seine Levis 501, die er unter dem Anzug anhatte, ist nun voller Farbe. Kann A von L Schadensersatz fordern?

Lösung: Hier sind die Voraussetzungen der §§ 280, 823 BGB wegen fahrlässiger Pflicht- bzw. Eigentumsverletzung erfüllt, so dass A von L Schadensersatz fordern kann. Eine Haftungsfreistellung nach SGB VII gibt es für *Sachschäden* nicht.

Trifft den Arbeitgeber **kein Verschulden,** *so* haftet er nach **§ 670 BGB analog** für sog. *risikotypische Schäden*, wenn diese

- in Vollzug einer schadensgeneigten Arbeit entstanden und
- außergewöhnlich sind, d.h. es darf sich weder das allgemeine Lebensrisiko verwirklicht haben, noch darf der Schaden bereits durch Lohn abgegolten sein
- der Risikosphäre des Arbeitgebers zuzurechnen sind.

Beispiel 5: In Beispiel 4 hatte L den Schutzanzug sorgfältig geprüft. Undichtigkeiten hatte er nicht entdecken können. A bemerkt abends, dass seine Levis 501 voller Farbe ist und verlangt von L Schadensersatz. Zu Recht?

Lösung: Mangels Verschulden des L scheiden Ansprüche aus §§ 280, 823 BGB aus. A kann Schadensersatz jedoch nach § 670 BGB fordern.

1.2.2 Ansprüche gegen den verursachenden Kollegen

Eine Haftungsfreistellung nach SGB VII gibt es bei Eigentumsverletzungen nicht. Der verursachende Kollege haftet daher regulär nach § 823 BGB. Er hat aber seinerseits gegen den Arbeitgeber je nach Verschuldensgrad u.U. einen Freistellungsanspruch in entsprechender Anwendung des § 670 BGB.

48

Ansprüche des ArbN nach einem Arbeitsunfall

Personenschaden	Sachschaden
Anspruch AN gegen Unfall-versicherung aus § 2 ff. SGB VII	Kein Anspruch des AN gegen Unfallversicherung
Der Anspruch des AN gegen AG aus §§ 280, 823 BGB ist gemäß § 104 SGB VII aus-geschlossen; nach h.M. auch das Schmerzensgeld! Ausnahmen: Vorsatz und Wegeunfall.	Anspruch des AN gegen AG aus §§ 280, 823 BGB, wenn AG *schuldhaft* gehandelt hat. Anspruch gegen AG analog § 670 BGB, wenn dieser *ohne Verschulden* gehandelt hat.
Anspruch des AN gegen Kollegen aus § 823 BGB ist wg. § 105 SGB VII ausge-schlossen; nach h.M auch das Schmerzensgeld! Aus-nahmen: Vorsatz und Wegeunfall.	Anspruch gegen Kollegen aus § 823 BGB möglich; Kollege hat u.U. Freistel-lungsanspruch analog § 670 BGB gegen den AG.

2. Ansprüche des Arbeitgebers gegen den Arbeitneh-mer (innerbetrieblich)

Der Arbeitnehmer ist zur sorgfältigen und gewissenhaften Arbeit verpflichtet. Trotzdem kann es vorkommen, dass er seine arbeitsvertraglichen Pflichten verletzt und dadurch Arbeitsmittel, Werkzeuge etc., die ja im Eigentum des Arbeitgebers stehen, beschädigt. Es stellt sich dann die Frage, ob und in welchem Umfang der Arbeitnehmer dafür einstandspflichtig ist.

Grundsätzlich gelten im Arbeitsrecht mangels Spezialregelungen die allgemeinen zivilrechtlichen Vorschriften. Dies führt dazu, dass der Arbeitgeber gegen seinen Arbeitnehmer Ansprüche aus schuldhafter Pflichtverletzung der arbeitsvertraglichen Pflichten gemäß § 280 Abs. 1 BGB und aus Eigentumsverletzung gemäß § 823 BGB geltend machen kann.

Hinweis: Bei § 280 BGB muss nicht der Arbeitnehmer gemäß Abs. 1 S. 2 sein Nichtvertretenmüssen beweisen. Vielmehr trägt der *Arbeitgeber* wegen § 619 a BGB die Beweislast für das Verschulden des Arbeitnehmers!

Bei dem arbeitsvertraglichen Anspruch würde eigentlich § 276 BGB gelten, wonach der Schuldner Vorsatz und *jede* Fahrlässigkeit zu vertreten hat. Auch bei der deliktischen Haftung nach § 823 BGB hat der Schädiger *jede* Form der Fahrlässigkeit zu vertreten. Der Arbeitnehmer hätte hiernach in vielen Fällen vollen Schadensersatz an den Arbeitgeber zu leisten.

Die Anwendung dieser allgemeinen Haftungsgrundsätze führt allerdings zu unerträglich harten und unbilligen Ergebnissen. Die strenge Haftung des BGB lässt nämlich die Besonderheiten des Arbeitsverhältnisses unberücksichtigt: So leistet der Arbeitnehmer *fremdbestimmte* und *weisungsgebundene* Arbeit, die im Interesse des Arbeitgebers steht.

Es kann dabei vorkommen, dass der Arbeitnehmer mit erheblichen Vermögenswerten (teure Maschinen etc.) zu tun hat und der drohende Schaden besonders groß ist bzw. außer Verhältnis zu seinem Arbeitseinkommen steht. So kann auch die kleinste Unachtsamkeit ungewöhnlich hohe Schäden nach sich ziehen. Nach dem Grundsatz der Wahrscheinlichkeit ist immer einmal mit einem Schadensfall jeglicher Art zu rechnen, weil jedem Arbeitnehmer aufgrund der unvollkommenen menschlichen Natur eine Fehlleistung unterlaufen kann. Dieses Arbeitsrisiko würde alleine dem Arbeitnehmer auferlegt.

Der Arbeitgeber erscheint bei einer solchen Handhabung ungerechtfertigt entlastet. Schließlich obliegt ihm die Organisation des Betriebes. Er kann das Schadenrisiko einschätzen und einkalkulieren, beispielsweise durch den Abschluß entsprechender Versicherungen oder durch besondere Gestaltung der Arbeitsbedingungen. Hinzu kommt, dass er grundsätzlich das Betriebsrisiko trägt. Es ist daher anerkannt, dass die Arbeitnehmerhaftung gegenüber dem Arbeitgeber begrenzt werden muss. Die Rechtsprechung hat bis zum Beginn der 90er Jahre die Haftung bei einer sog. **gefahr- bzw. schadensgeneigten Arbeit** eingeschränkt.

Schadensgeneigte Arbeit wurde angenommen, wenn die Eigenart der Tätigkeit mit großer Wahrscheinlichkeit mit sich bringt, dass auch dem sorgfältigen Arbeitnehmer Fehler unterlaufen, die für sich betrachtet zwar jedes mal vermeidbar wären, mit denen aber angesichts der menschlichen Unzulänglichkeit erfahrungsgemäß zu rechnen ist.

Beispiel 6: Gefahrgeneigt ist z.B. die Tätigkeit als Kranführer, Gabelstapler- oder Baggerfahrer. Hier ist die Wahrscheinlichkeit groß, dass auch einem sorgfältigen Arbeitnehmer einmal ein Fehler unterläuft.

Bei Vorliegen einer solchen gefahrgeneigten Tätigkeit hing dann der Umfang der Haftungsbeschränkung von dem Verschulden ab. Es wurde zwischen Vorsatz und verschiedenen Fahrlässigkeitsstufen unterschieden. Diese Rechtsprechung wurde angesichts der zunehmenden Kritik, insbesondere wegen Abgrenzungsschwierigkeiten und der fehlenden Klarheit bzw. Kontur des Begriffs „Gefahrgeneigtheit" aufgegeben.

Heute greift nach dem BAG und der ganz herrschenden Lehre die Haftungsbeschränkung für alle Schäden ein, die ein Arbeitnehmer seinem Arbeitgeber bei Ausübung einer **betrieblich veranlassten Tätigkeit** zufügt. Die Tätigkeit muss folglich nicht mehr *gefahrgeneigt* sein, sondern nur noch *betrieblich veranlasst*.

Beispiel 7: Arbeitnehmer A fährt nach Beendigung der Arbeit mit einem Firmenwagen nach Hause und beschädigt diesen leicht fahrlässig. Der Arbeitgeber verlangt nun dafür Schadensersatz. War die Heimfahrt eine *betrieblich veranlasste Tätigkeit*, so dass die Haftungsbeschränkungen gelten?

Lösung: Der Heimweg fällt nicht in die Arbeitszeit und wird auch nicht vergütet. Daher liegt keine betrieblich veranlasste Tätigkeit vor. Also gilt keine Haftungsbeschränkung zugunsten des A.

Es gelten folgende Haftungsmaßstäbe:

- Bei **vorsätzlicher oder grob fahrlässiger** Pflichtverletzung hat der Arbeitnehmer die *volle Höhe* des Schadens zu tragen. Grobe Fahrlässigkeit liegt vor, wenn der Arbeitnehmer die erforderliche Sorgfalt in besonderem Maße vernachlässigt und nicht beachtet hat, was im konkreten Fall Jedem hätte einleuchten müssen. Merksatz: „Das darf *unter keinen Umständen* passieren!".

  Ausnahme: Eventuell nur anteilige Haftung bei grober Fahrlässigkeit, wenn der Schaden außerhalb jeglicher Relation zum Monatseinkommen steht (i.d.R. ab 3 Monatseinkommen). Dann findet eine Quotelung statt.

- Bei **mittlerer Fahrlässigkeit** (Merksatz: „Das darf nicht passieren!") erfolgt eine Schadensteilung zwischen Arbeitgeber und Arbeitnehmer analog § 254 BGB. Es erfolgt eine *Abwägung* aller Umstände des Einzelfalls, z.B. Höhe des Monatseinkommens, Betriebszugehörigkeitsdauer und bisher verursachte Schäden. Ein wichtiger Abwägungsfaktor ist die Frage, wie stark (oder gering) die Arbeit *gefahrgeneigt* war: Je größer die Gefahrgeneigtheit, desto geringer die Haftung des Arbeitnehmers! Bestand eine PKW-Vollkaskoversicherung, haftet der Arbeitnehmer nur in Höhe der Selbstbeteiligung (meist zwischen 150 und 500 Euro).

52

- Bei **leichter Fahrlässigkeit** (Merksatz: „Kann jedem Arbeitnehmer im Laufe der Zeit einmal unterlaufen!") besteht *keine* Schadenstragungspflicht des Arbeitnehmers. Der Schaden wird komplett dem Betriebsrisiko des Unternehmers zugerechnet.

Beispiel 8: Die Sekretärin S ist in der Firma des F angestellt. Als S zum Faxgerät gehen will, tritt sie infolge leichter Fahrlässigkeit mit dem Fuß gegen ihren PC, der daraufhin umkippt und stark beschädigt wird. Kann Arbeitgeber F von S die Reparaturkosten in Höhe von 400 Euro verlangen?

Lösung: Die tatbestandlichen Voraussetzungen des § 280 Abs. 1 (arbeitsvertragliche Pflichtverletzung) und des § 823 Abs. 1 (Eigentumsverletzung) sind gegeben. Ginge man nach der alten Rechtsprechung, so wäre eine Haftungsbegrenzung beim Prüfungspunkt „Verschulden" aufgrund der mangelnden Schadensgeneigtheit der Tätigkeit als Sekretärin abzulehnen und die arme S müsste alleine für den Schaden einstehen. Nach neuerer Rechtsprechung allerdings kommt es alleine darauf an, dass der Schaden bei der *betrieblich veranlassten* Tätigkeit der S entstand. Der S ist nur *leichte* Fahrlässigkeit vorzuwerfen. Demnach ist der Schaden alleine von Arbeitgeber F zu tragen.

Begrenzung der Ansprüche des Arbeitgebers gegen den Arbeitnehmer aus §§ 280, 823 BGB bei betrieblich veranlasster Tätigkeit

- Vorsatz und grobe Fahrlässigkeit: volle Haftung des ArbN: „Das darf *unter keinen Umständen* passieren!"
- Mittlere Fahrlässigkeit: anteil. Haftung analog § 254 BGB: „Das darf nicht passieren!"
- Leichte Fahrlässigkeit: keine Haftung des ArbN: „Kann jedem Arbeitnehmer im Laufe der Zeit einmal unterlaufen!"

---

3. Ansprüche eines Dritten gegen den Arbeitnehmer

Ein Arbeitnehmer kann auch Dritte, d.h. Personen, die weder Arbeitgeber noch Angehörige desselben Betriebes sind, im Zuge der betrieblich veranlassten Tätigkeit schädigen. Hier kommen dann nach den allgemeinen Vorschriften Ansprüche gemäß §§ 823 ff. BGB in Betracht.

Umstritten ist, ob auch hier eine Haftungsprivilegierung nach den Grundsätzen der betrieblich veranlassten Tätigkeit statt- findet. Nach h. M. sind die Grundsätze jedoch *nicht* ent- sprechend anwendbar, d.h. der Arbeitnehmer haftet dem Dritten ohne jede Einschränkung. Grund hierfür ist vor allem, dass ein Außenstehender anders als der Unternehmer die betrieblichen Gefahren nicht steuern bzw. beeinflussen kann.

Der Arbeitnehmer kann jedoch seinerseits im *Innenver- hältnis* einen arbeitsrechtlichen *Freistellungsanspruch* gegen den Arbeitgeber in analoger Anwendung des **§ 670 BGB** geltend machen. Hier wiederum gilt dann die Haftungsprivi- legierung, d.h. bei leichter Fahrlässigkeit hat der Arbeitgeber den Arbeitnehmer in voller Höhe freizustellen.

Beispiel 9: Als Baggerfahrer B gerade eine Grube ausschachtet, stößt er mit der Schaufel leicht fährlässig gegen den PKW des Anwohners P. Dadurch entsteht am vorderen Kotflügel eine Delle. P verlangt von B Schadensersatz. Zu Recht?

Lösung: Ein Anspruch des P gegen B aus § 280 Abs. 1 BGB wegen Verletzung der arbeitsvertraglichen Pflichten würde voraussetzen, dass der zwischen B und seinem Arbeitgeber geschlossene Arbeitsvertrag *Schutzwirkung* zugunsten des P entfaltet. Für den Arbeitgeber war jedoch nicht erkennbar, dass P in den Vertrag einbezogen werden sollte. Man- gels Erkennbarkeit für den Arbeitgeber ist ein *Vertrag mit Schutzwirkung* zugunsten P abzulehnen. Gegeben ist jedoch ein Anspruch des P gegen B aus § 823 Abs. 1 BGB wegen Eigentumsverletzung. Dem steht nicht entgegen, dass B nur leicht fahrlässig gehandelt hat, da im Verhältnis Arbeitnehmer-Dritter keine Haftungsprivilegierung stattfindet.

Hinweis: Im Innenverhältnis hat B gegen seinen Arbeitgeber einen Frei- stellungsanspruch in voller Höhe. Hiernach ist in *Beispiel 9* allerdings nicht gefragt.

▶ Literatur zu dieser Lektion

📖 Schnauder, **JuS** 1995, 594 (Betrieblich veranlasste Tätigkeit)

📖 Schöpflin, **JA** 1998, 554 (559) (Klausur)

54

Lektion 7: Die Kündigung

Das Arbeitsverhältnis als Dauerschuldverhältnis kann auf ganz unterschiedliche Weise beendet werden, z.b. durch
* Kündigung (ordentlich oder außerordentlich)
* Anfechtung nach §§ 119 ff. BGB
* Aufhebungsvertrag
* Tod des Arbeitnehmers, da die Leistung persönlich zu erbringen ist
* Befristungsablauf nach § 620 Abs. 1 BGB.

Die *Kündigung* ist eine einseitige empfangsbedürftige Willenserklärung einer der beiden Arbeitsvertragspartner, durch die das auf unbestimmte Dauer eingegangene Arbeitsverhältnis für die Zukunft beendet wird.

1. Die ordentliche Kündigung

1.1 Die Kündigungserklärung
* **Schriftform**
* **Zugang**

1.2 Die Anhörung des Betriebsrats, § 102 BetrVG
1.3 Der besondere Kündigungsschutz
1.4 Der Schutz nach dem KSchG
1.5 Die Kündigungsfrist, § 622 BGB

Die Kündigung muss erklärt werden. Für diese Erklärung gelten die allgemeinen Vorschriften über Willenserklärungen und Rechtsgeschäfte. Die Kündigung kann daher wegen Willensmängeln, Formmangel, Gesetzesverstoß oder Sittenwidrigkeit nach §§ 116, 117, 118, 125, 134, 138 BGB nichtig und nach §§ 119, 123 BGB anfechtbar sein. Als Gestaltungsrecht ist die Kündigungserklärung bedingungsfeindlich, darf also nicht unter einer Bedingung erklärt werden.

1.1.1 Die Form

Nach **§ 623 BGB** bedarf die Kündigung der **Schriftform.** Nach § 126 Abs. 1 BGB muss die Erklärung dabei von dem Aussteller *eigenhändig* durch Namensunterschrift oder mittels notariell beglaubigten Handzeichens unterzeichnet werden. Wird diese Form nicht eingehalten, ist die Kündigung gemäß § 125 S. 1 BGB unwirksam.

Beispiel 1: An der „Eigenhändigkeit" fehlt es, wenn die Kündigung per Fax oder E-Mail verschickt wird.

Die Angabe von *Gründen* in der Erklärung ist gesetzlich nicht vorgeschrieben und damit grds. auch keine Voraussetzung zur Wirksamkeit.

Hinweis: Ausnahmen gibt es z.B. für Berufsausbildungsverhältnisse und für Schwangere, vgl. § 22 Abs. 3 Berufsbildungsgesetz und § 9 Abs. 3 S. 2 MuSchG. Hier muss der Kündigungsgrund genannt werden.

1.1.2 Der Zugang

Als empfangsbedürftige Willenserklärung muss die Kündigung, wenn sie unter Abwesenden erklärt wird, dem anderen Teil zugehen. Maßgebend für den Zugang sind die §§ 130 ff. BGB.

Wie jede Willenserklärung geht die Kündigungserklärung dem Empfänger zu, wenn sie so in seinen Machtbereich gelangt ist, dass er die Möglichkeit der Kenntnisnahme hat und unter gewöhnlichen Umständen mit einer Kenntnisnahme auch zu rechnen ist.

Probleme gibt es oft, wenn einem im Urlaub befindlichen Arbeitnehmer die an seine Heimatanschrift übersandte Kündigung in den Briefkasten geworfen wird. Zu diskutieren ist dann, ob die Kündigung **zugegangen** ist.

Die früher teilweise vertretene Ansicht, der Zugang finde bei Urlaubsabwesenheit des Arbeitnehmers erst *nach* seiner Rückkehr statt, wird heute kaum noch vertreten, um Rechtsunsicherheit bezüglich des Zugangstermins zu vermeiden. Dies hat für den Arbeitnehmer zur Folge, dass meistens ab dem Zeitpunkt des Einwurfs in den Briefkasten die dreiwöchige Frist für die Kündigungsschutzklage zu laufen beginnt, § 4 KSchG. Die mögliche negative Folge für den Arbeitnehmer (Überschreitung der 3-Wochen-Frist) wird durch § 5 KSchG, der eine verspätete Klage zulässt, gemildert.

Vereitelt der Arbeitnehmer bewusst den Zugang, so wird der Zugang gemäß § 242 BGB und gemäß § 162 Abs. 1 BGB analog fingiert.

Beispiel 2: Arbeitnehmer A rechnet mit einer Kündigung und sagt zu seinem zehnjährigen Sohn S, er solle jedes Schreiben seines Arbeitgebers „zurückgehen lassen". Als ein Bote das Kündigungsschreiben wegen fehlendem Briefkasten persönlich abliefern will, verweigert S die Annahme. Hier wird der Zugang nach § 242 BGB und nach § 162 Abs. 1 BGB analog fingiert, d.h. das Kündigungsschreiben gilt als zugegangen.

1.2 Die Anhörung des Betriebsrats, § 102 BetrVG

Der **Betriebsrat** ist – sofern vorhanden – gemäß **§ 102 Abs. 1 BetrVG vor jeder Kündigung zu hören.** Hierbei muss der Arbeitgeber die Gründe der Kündigung angeben sowie dem Betriebsrat alle Informationen (zur Person und den sozialen Verhältnissen des Arbeitnehmers) zur Verfügung stellen. Wird dies versäumt, ist die Kündigung **unwirksam, § 102 Abs. 1 S. 3 BetrVG.** Die **Anhörungsfrist** des Betriebsrats beträgt **eine Woche,** § 102 Abs. 2 S. 1 BetrVG. Auch die Nichteinhaltung der Wochenfrist führt zur Nichtigkeit der Kündigung. Hat der Betriebsrat sich schon vorher geäußert, kann die Kündigung allerdings bereits vor Ablauf der Wochenfrist ausgesprochen werden.

Der Betriebsrat kann der Kündigung aus den in § 102 Abs. 3 BetrVG genannten Gründen widersprechen. Der Arbeitgeber ist zwar an den Widerspruch nicht gebunden und kann die Kündigung aufrechterhalten, er muss aber den Arbeitnehmer bis zur Beendigung des Kündigungsrechtsstreits weiterbeschäftigen, wenn der Arbeitnehmer nach dem Kündigungsschutzgesetz Klage auf Feststellung erhoben hat, dass das Arbeitsverhältnis durch die Kündigung nicht aufgelöst ist, vgl. § 102 Abs. 5 S. 1 BetrVG.

1.3 Der besondere Kündigungsschutz

Bestimmte Personengruppen unterliegen einer besonderen Schutzbedürftigkeit. Spezielle Bestimmungen regeln daher, ob und unter welchen Voraussetzungen eine Kündigung zulässig ist.

Spezielle Schutzbestimmungen gibt es für

- **Schwangere** und „frischgebackene" Mütter nach **§ 9 MuSchG**. Um ihren Schutz zu garantieren, hat der Gesetzgeber für Schwangere bestimmte Beschäftigungsverbote (§§ 3 ff. MuSchG) geschaffen, ihnen aber gleichzeitig das Arbeitsentgelt gesichert und gewisse Sonderzuwendungen vorgesehen (§ 11 ff. MuSchG). Damit sich ein Arbeitgeber diesen Pflichten nicht entziehen kann, indem er einer Schwangeren kündigt, darf einer Frau während ihrer Schwangerschaft und bis vier Monate nach der Entbindung *weder ordentlich noch außerordentlich* gekündigt werden, wenn dem Arbeitgeber zur Zeit der Kündigung die Schwangerschaft oder Entbindung bekannt war oder innerhalb von zwei Wochen nach Zugang der Kündigung mitgeteilt wird (§ 9 Abs. 1 S. 1 MuSchG). Nach § 9 Abs. 3 S. 1 MuSchG kann die hierfür zuständige Behörde die *Kündigung* allerdings auf Antrag des Arbeitgebers *in besonderen Fällen ausnahmsweise für zulässig erklären.* Solche Fälle dürfen nicht mit dem Zustand einer Frau während der

Schwangerschaft oder ihrer Lage bis zum Ablauf von vier Monaten nach der Entbindung in Zusammenhang stehen. Zu diesem Antrag ist die Schwangere grds. anzuhören (vgl. § 28 LVwVfG).

- **Wehrdienstleistende** nach § 2 Arbeitsplatzschutzgesetz. Das Arbeitsplatzschutzgesetz gilt gemäß § 16 Abs. 7 ArbplSchG auch im Falle des *freiwilligen Wehrdienstes* nach Abschnitt 7 des Wehrpflichtgesetzes mit der Maßgabe, dass die Vorschriften über den Grundwehrdienst anzuwenden sind. Ordentliche Kündigungen sind danach grundsätzlich ausgeschlossen. Das außerordentliche Kündigungsrecht bleibt jedoch unberührt.

- **Schwerbehinderte Menschen** genießen ebenfalls den besonderen Kündigungsschutz. Nach **§ 85 SGB IX** bedarf jede Kündigung eines schwerbehinderten Menschen der vorherigen Zustimmung des *Integrationsamtes*. Ausgenommen sind allerdings die in § 90 SGB IX genannten Fälle, z.B. Schwerbehinderte, deren Arbeitsverhältnis zum Kündigungszeitpunkt nicht länger als 6 Monate besteht. Weiterhin bestimmt § 86 SGB IX eine Kündigungsfrist von mindestens vier Wochen.

- Gemäß § 18 Abs. 1 (Bundeselterngeld- und Elternzeitgesetz, kurz: BEEG) darf der Arbeitgeber **Elternzeitern** ab dem Zeitpunkt, von dem an Elternzeit verlangt worden ist, nicht kündigen. Anders als in § 9 MuSchG gilt das Kündigungsverbot sowohl für Frauen als auch für Männer. Den gleichen Sonderkündigungsschutz haben Arbeitnehmer, die **Pflegezeit** wahrnehmen (§ 5 Abs. 1 PflegeZG), sowie Arbeitnehmer, die sich in **Familienpflegezeit** befinden (§ 9 Abs. 3 FamPflegeZG).

- Eine ordentliche Kündigung ist für Mitglieder des Betriebsrats gemäß **§ 15 Abs. 1 S. 2 KSchG** für die Dauer der Amtszeit des **Betriebsrats** sowie während eines Jahres nach dem Ende dieser Amtszeit ausgeschlossen. Eine Ausnahme bildet hierzu § 15 Abs. 4 KSchG, wonach eine Kündigung zum Zeitpunkt einer Betriebsstillegung oder aus anderen zwingenden betrieblichen Erfordernissen zulässig ist.

- **Auszubildende** können nur gemäß **§ 22 des Berufsbildungsgesetzes** (BBiG) gekündigt werden. Während der *Probezeit* ist eine Kündigung *jederzeit* und ohne Angabe von Gründen möglich (§ 22 Abs. 1 BBiG). *Nach der Probezeit* ist gem. § 22 Abs. 2 BBiG die ordentliche Kündigung des Arbeitgebers grundsätzlich ausgeschlossen, eine *außerordentliche* Kündigung aus wichtigem Grund bleibt jedoch möglich. Der Auszubildende kann unter den Voraussetzungen des § 22 Abs. 2 Nr. 2 BBiG kündigen.

- Für Heimarbeiter gelten **§§ 29 ff. HAG**.

1.4 Der Schutz nach dem Kündigungsschutzgesetz

Unter dem *allgemeinen* Kündigungsschutz versteht man den Schutz, der für alle unter das *Kündigungsschutzgesetz* (KSchG) fallenden Arbeitnehmer gilt. Hierdurch soll der Arbeitnehmer vor den Nachteilen der einseitigen Beendigung des Arbeitsverhältnisses durch den Arbeitgeber geschützt werden. Das Kündigungsrecht des Arbeitgebers wird daher durch das KSchG eingeschränkt.

Dabei gilt der **Vorrang der Änderungskündigung** vor der Beendigungskündigung. Der Arbeitgeber darf sich nicht anders als durch eine Beendigungskündigung behelfen dürfen (sog. *ultima-ratio-Grundatz*). Unter einer Änderungskündigung versteht man eine Kündigung des Arbeitsverhältnisses, verbunden mit dem Angebot der Fortsetzung zu geänderten Bedingungen. Ist der Arbeitnehmer nicht damit einverstanden, kann er die Änderung zunächst annehmen unter dem Vorbehalt, dass sie sozial gerechtfertigt ist, § 2 KSchG.

60

1.4.1 Anwendbarkeit

Kündigungsschutz nach dem KSchG steht dem Arbeitnehmer nur unter zwei Voraussetzungen zu:

- **Sachlich:** Seit 01. Januar 2004 gilt das KSchG mit **zwei Anwendungsschwellen**: In Betrieben mit **zehn** oder weniger Arbeitnehmern gilt das Gesetz nicht für neu eingestellte Arbeitnehmer, d.h. für Arbeitnehmer, deren Arbeitsverhältnis nach dem 31. Dezember 2003 begonnen hat. Arbeitnehmer, die am 31. Dezember 2003 in einem Betrieb mit *mehr als fünf* Arbeitnehmern beschäftigt waren, haben weiterhin Kündigungsschutz. Unter Zugrundelegung der früheren Anwendungsschwelle des KSchG (mehr als 5 Mitarbeiter) behalten diese Arbeitnehmer ihren Kündigungsschutz so lange, wie im Betrieb mehr als fünf Arbeitnehmer tätig sind, die am 31. Dezember 2003 dort schon beschäftigt waren, § 23 Abs. 1 KSchG. Ob ein Arbeitsverhältnis in diesem Sinne Bestandsschutz hat, ist heute kaum mehr zu überblicken. *Teilzeitkräfte* werden anteilig berücksichtigt; *Auszubildende* sind nicht mitzurechnen, vgl. § 23 Abs.1 S. 2 KSchG.

- **Persönlich:** Nach **§ 1 Abs. 1 KSchG** muss das Arbeitsverhältnis des gekündigten Arbeitnehmers derzeit mindestens **sechs Monate** ohne Unterbrechung bestanden haben. Der Arbeitgeber soll in der Anfangsphase der Beschäftigung die Möglichkeit haben, den Arbeitnehmer zu erproben und sich von ihm ohne Einhaltung langer Fristen wieder trennen können. Maßgeblicher Zeitpunkt ist der *Zugang* der Kündigung. Entscheidend ist weiterhin der *rechtliche Bestand* des Arbeitsverhältnisses. Es kommt also nicht darauf an, ob in den sechs Monaten tatsächlich gearbeitet wurde. War jemand während der ersten 6 Monate krank oder im Urlaub, so unterbricht dies die Frist nicht.

Anwendbarkeit des Kündigungsschutzgesetzes

- Das Arbeitsverhältnis muss länger als **sechs Monate** bestehen, § 1 Abs. 1 KSchG
- Das Arbeitsverhältnis bestand bereits am 31.12.03: Der Betrieb beschäftigt **mehr als 5 Arbeitnehmer** -> KSchG ist anwendbar, § 23 Abs. 1 KSchG
- Das Arbeitsverhältnis bestand erst nach dem 31.12.03: Der Betrieb beschäftigt **mehr als 10 Arbeitnehmer** -> KSchG ist anwendbar, § 23 Abs. 1 KSchG

1.4.2 Einhaltung der 3-Wochen-Frist

Will der Arbeitnehmer gegen die Kündigung vorgehen, so muss er gemäß § 4 Abs. 1 S. 1 KSchG **drei Wochen** nach Zugang der Kündigung die Klage beim Arbeitsgericht erheben. War der Arbeitnehmer trotz Anwendung aller ihm nach Lage der Umstände zuzumutenden Sorgfalt (z.B. wegen Urlaubs) verhindert, die Klage rechtzeitig zu erheben, wird eine verspätete Einreichung der Klage unter der Maßgabe der §§ 5, 6 KSchG zugelassen.

Liegen keine derartigen „Entschuldigungsgründe" vor, gilt bei nicht rechtzeitiger Geltendmachung die Kündigung als von Anfang an rechtswirksam, § 7 KSchG.

1.4.3 Unwirksamkeit der Kündigung nach dem KSchG

Nach § 1 Abs. 2 KSchG ist eine Kündigung insbes. **sozial gerechtfertigt,** wenn sie durch Gründe, die in der **Person** oder in dem **Verhalten** des Arbeitnehmers liegen, oder durch **dringende betriebliche Erfordernisse,** die einer Weiterbeschäftigung des Arbeitnehmers in diesem Betriebe entgegenstehen, bedingt ist. Daher ist im Einzelfall stets zu prüfen, ob die Kündigung

- personenbedingt
- verhaltensbedingt
- betriebsbedingt gerechtfertigt ist.

62

1.4.3.1 Die personenbedingte Kündigung

Zunächst ist eine Unterscheidung zwischen der *personen-bedingten* und der *verhaltensbedingten* Kündigung erforderlich, da beide Kündigungsgründe zwar in der Sphäre des Arbeitnehmers liegen, an beide jedoch unterschiedliche Anforderungen gestellt werden. Ein personenbedingter Grund ist für den Arbeitnehmer nicht steuerbar, wohingegen der verhaltensbedingte Kündigungsgrund zur freien Disposition des Arbeitnehmers steht, eine Korrektur seines Verhaltens für ihn also jederzeit möglich ist. Weiterhin erfolgt die personenbedingte Kündigung aus Gründen einer *negativen Zukunftsprognose*.

Beispiel 3: Beispiele für personenbedingte Gründe sind Alkohol- und andere Suchtkrankheiten, Verlust der erforderlichen Erlaubnis zur Berufsausübung (Busfahrer ohne Führerschein), Arbeitsverhinderung wegen Haft, fehlende Arbeitserlaubnis bei Ausländern.

Hauptfall der personenbedingten Kündigung ist die **Krankheit** des Arbeitnehmers. Darunter fallen beispielsweise die Kündigung wegen langandauernder Krankheit, wegen häufiger Kurzerkrankungen oder wegen krankheitsbedingter Minderung der Leistungsfähigkeit.

Bei krankheitsbedingter Kündigung gilt das folgende Drei-Stufen-Schema:

1. Stufe: Es muss eine **negative Prognose** des zukünftigen Gesundheitszustandes vorliegen. Das ist der Fall, wenn der Arbeitnehmer in Zukunft vermutlich nicht (voll) einsatzfähig sein wird.

2. Stufe: Ein konkreter Nachweis erheblicher **betrieblicher Störungen** ist darzulegen, z.B. Planungsprobleme, hohe Kosten von Überbrückungsmaßnahmen, außergewöhnlich hohe Lohnfortzahlungskosten.

3. Stufe: Interessenabwägung, ob dem Arbeitgeber die erhebliche Belastung weiter zuzumuten ist. Bei der Kündigung als *ultima ratio* (= äußerstes Mittel) ist zu prüfen, ob kein milderes Mittel, beispielsweise eine anderweitige Beschäftigungsmöglichkeit des betroffenen Arbeitnehmers, möglich ist. Hierzu muss der Arbeitgeber gem. § 84 Abs. 2 SGB IX ein sog. *betriebliches Eingliederungsmanagement* (auch Integrationsmanagement genannt) durchführen und so mit Hilfe des Betriebsrats und des Betriebsarztes versuchen, dem erkrankten Arbeitnehmer vorübergehend eine zumindest stundenweise Beschäftigung unter Einschränkungen zu ermöglichen.

1.4.3.2 Die verhaltensbedingte Kündigung

Zu der Gruppe der verhaltensbedingten Kündigungsgründe gehören vor allen Dingen die Pflichtverletzungen des Arbeitnehmers.

Beispiel 4: Verspätungen oder zu frühes Aufhören, wiederholtes unentschuldigtes Fehlen, Störungen im Vertrauensbereich wie z.B. Schmiergeldannahme oder Spesenbetrug, Verstöße gegen die betriebliche Ordnung wie etwa Nichtbeachtung des Rauchverbots, Nichtbefolgen von Arbeitsanweisungen und Schlechtleistung, Alkoholmissbrauch ohne Alkoholabhängigkeit, private Telefongespräche auf Kosten des Arbeitgebers.

Voraussetzung ist, dass eine **nicht unerhebliche Beeinträchtigung der Arbeitgeberinteressen** vorliegt. Grundsätzliches Erfordernis ist die **Abmahnung** als „Vorstufe" zu einer Kündigung. Sie ist eine geschäftsähnliche Handlung und erfolgt durch schriftliche oder mündliche Erklärung gegenüber dem Arbeitnehmer.

Die Abmahnung ist nur wirksam, wenn

- das Fehlverhalten konkret nach Art, Zeit und Ort bezeichnet wird, sog. **Hinweisfunktion;**
- der Arbeitnehmer genügend bestimmt aufgefordert wird, das gerügte Verhalten künftig abzustellen, sog. **Ermahnungsfunktion;**
- die Kündigung im Wiederholungsfall unmissverständlich angedroht wird, sog. **Warnfunktion.**

64

Die Abmahnung deckt nur gleichartiges Verhalten. Nur der einschlägig vorgewarnte Arbeitnehmer weiß, dass er mit einer Kündigung rechnen muss, wenn er erneut in gleicher Weise gegen den Arbeitsvertrag verstößt.

Beispiel 5: A erhält von Arbeitgeber B eine Abmahnung wegen mehrmaliger unentschuldigter Verspätungen. Hiervon aufgeschreckt, erscheint A fortan immer überpünktlich zur Arbeit. Er hat sich allerdings angewöhnt, sich mehrmals täglich von dem Firmentelefon aus bei seinem neuen Schatzi nach deren Wohlbefinden zu erkundigen. B fühlt sich nun des A überdrüssig und kündigt ihm verhaltensbedingt wegen der Telefonate. Zu Recht?

Lösung: Die Kündigung ist unwirksam, da die Abmahnung aus einem anderen Grund erfolgte. Sie gilt allerdings als erste neue Abmahnung.

In Ausnahmefällen ist dem BAG zufolge eine Abmahnung entbehrlich. Nicht erforderlich ist die Abmahnung z.B. bei einer **schwerwiegenden Störung im Vertrauensbereich.**

Beispiel 6: Arbeitgeber A bemerkt, dass sein Lagermeister L den halben Warenbestand „privat verkauft" hat. Hier muss A nicht extra abmahnen.

Bleibt der Mitarbeiter im **Leistungsbereich** hinter den Anforderungen zurück, kann der Arbeitgeber nach einer erheblichen Pflichtverletzung ausnahmsweise ohne Abmahnung kündigen, wenn

- der Arbeitnehmer von vornherein nicht willens ist, sein Verhalten zu ändern und vorsätzlich falsch arbeitet;
- die Pflichtverletzung so schwer wiegt, dass die weitere Fortsetzung des Arbeitsverhältnisses für den Arbeitgeber unzumutbar ist.

Wie bei der personenbedingten Kündigung müssen auch bei der verhaltensbedingten Kündigung die Interessen abgewogen werden. Zu berücksichtigende Umstände sind insbesondere:

- Gewicht und Intensität der Vertragsverletzung
- Dauer des ungestört verlaufenden Arbeitsverhältnisses
- Grad des Verschuldens
- Einmaliges Fehlverhalten oder Wiederholungsgefahr
- Länge der Kündigungsfrist.

1.4.3.3 Die betriebsbedingte Kündigung

Anders als bei den beiden o.g. Gründen, wird bei der betriebsbedingten Kündigung nicht mehr auf den Bereich des Arbeitnehmers abgestellt, sondern vielmehr auf Gründe, die in der **Sphäre des Arbeitgebers** liegen. Eine Kündigung aus betriebsbedingten Gründen setzt voraus, dass **dringende betriebliche Erfordernisse** einer Weiterbeschäftigung entgegenstehen. Sie gilt als **ultima ratio,** d. h. der Arbeitgeber darf die Kündigung nicht durch andere Maßnahmen verhindern können wie z. B. durch Abbau von Mehrarbeit, Umschulung, Versetzung, Änderungskündigung.

Voraussetzung ist, dass ein **dringendes** betriebliches Erfordernis besteht. Es müssen inner- oder außerbetriebliche Umstände vorliegen, die der Weiterbeschäftigung eines Arbeitnehmers entgegenstehen.

Beispiel 7: Innerbetriebliche Gründe sind: Einschränkung der Produktion, Rationalisierung, Stillegung einer Abteilung im Betrieb, Verlagerung von Produktionen ins Ausland. Außerbetriebliche Gründe sind: Absatzschwierigkeiten, Auftragsmangel, Ausbleiben von Krediten.

Die **Darlegungs- und Beweislast** dafür, dass die Kündigung durch dringende betriebliche Erfordernisse bedingt ist, trägt der Arbeitgeber. Er muss daher z.B. konkret einen etwaigen Umsatzrückgang nachprüfbar darlegen sowie die sich daraus ergebende Verringerung des Arbeitskräftebedarfs. Auch die Auswirkung dieser Umstände auf den Arbeitsplatz des gekündigten Arbeitnehmers muss der Arbeitgeber darlegen und ggf. beweisen.

Sozial ungerechtfertigt ist eine betriebsbedingte Kündigung in Betrieben des privaten Rechts gemäß § 1 Abs. 2 S. 2 KSchG auch dann, wenn

- die Kündigung gemäß Nr. 1 a) gegen eine Richtlinie nach § 95 des Betriebsverfassungsgesetzes verstößt
- gemäß Nr. 1 b) eine anderweitige Beschäftigungsmöglichkeit *im Unternehmen* besteht und der Betriebsrat schriftlich widersprochen hat.

Nachdem ermittelt wurde, dass irgendein Arbeitnehmer aus betriebsbedingten Gründen ausscheiden muss, heißt dies noch lange nicht, dass die Kündigung damit sozial gerechtfertigt ist. Es kann nämlich sein, dass der Arbeitgeber von allen in Betracht kommenden den „falschen" ausgewählt hat. Der Arbeitgeber hat gemäß **§ 1 Abs. 3 KSchG** die **Sozialauswahl** zu tätigen. Eine unzutreffende Sozialauswahl führt dazu, dass die betriebsbedingte Kündigung sozial ungerechtfertigt ist.

Die Sozialauswahl ist nur betriebsbezogen, erstreckt sich also (im Gegensatz zur Frage der Möglichkeit einer Weiterbeschäftigung, s.o. und § 1 Abs. 2 S. 2 Nr. 1 b KSchG) nicht auf das gesamte Unternehmen und betrifft nur vergleichbare Arbeitnehmer auf der gleichen Stufe, sog. *horizontale Sozialauswahl*. Letztlich geht es dabei um die Austauschbarkeit der Arbeitsverhältnisse. Der Arbeitgeber muss in der Lage sein, allein aufgrund seines Weisungsrechts (also ohne Änderungskündigung) die vergleichbaren Mitarbeiter auszutauschen. Unschädlich ist dabei, wenn hierfür eine mehrwöchige Einarbeitungszeit erforderlich ist. Je enger der Inhalt des Arbeitsvertrags gefasst ist, desto weniger lässt sich das Arbeitsverhältnis mit anderen vergleichen.

Zu entlassen ist der Arbeitnehmer, der von den vergleichbaren Arbeitnehmern am wenigsten auf seinen Arbeitsplatz angewiesen ist und durch die Kündigung die geringsten Nachteile zu erwarten hat. Bei der Auswahl hat der Arbeitgeber nur folgende Gesichtspunkte berücksichtigen:

- Betriebszugehörigkeitsdauer,
- Lebensalter,
- Unterhaltspflichten,
- eine etwaige Schwerbehinderung des ArbN.

Beispiel 8: B, Vater zweier minderjähriger Kinder, arbeitet seit 15 Jahren im Schreinerbetrieb des A als Schreiner. Aufgrund des zunehmenden Rückgangs von Aufträgen kündigt der A dem B betriebsbedingt. B erhebt Kündigungsschutzklage und trägt beim gerichtlichen Termin vor, dass seine Kündigung nicht gerechtfertigt sei. Einen Auftragsmangel könne er nur bedingt feststellen, außerdem sei, wie er aus sicheren Quellen wüsste, in Zukunft mit einem Großauftrag von immensem Umfang zu rechnen. Ferner sei der 20-jährige ledige, kinderlose Schreiner C erst seit 2 Jahren im Betrieb beschäftigt. C werde aus ihm unerklärlichen Gründen weiterbeschäftigt, obwohl beide die gleiche Arbeit verrichteten. Ist die Kündigung sozial gerechtfertigt?

Lösung: Das Gericht prüft, ob ein dringender betrieblicher Grund i. S. d. § 1 Abs. 2 KSchG vorliegt. Dies ist zu bejahen, wenn ein konkreter Wegfall des Arbeitsplatzes vom Arbeitgeber dargelegt werden kann. Hat dies der A genügend bewiesen und ist eine offensichtliche Willkür nicht ersichtlich, obliegt ihm allein die freie Entscheidung einer Betriebsverkleinerung. Dies muss vom Gericht hingenommen werden.

Daneben hat das Gericht zu prüfen, ob der Arbeitgeber A bei der Auswahl des zu kündigenden Arbeitnehmers eine ordnungsgemäße Sozialauswahl getroffen hat. Im Rahmen der Sozialauswahl ist davon auszugehen, dass der 20-jährige ledige, kinderlose C im Vergleich zu B die ungünstigeren Sozialdaten hat und folglich von der Sozialauswahl getroffen werden müsste. C ist erst seit 2 Jahren bei A beschäftigt, während B dort schon 15 Jahre arbeitet. Beide können miteinander verglichen werden, da sie in der Betriebshierarchie auf der gleichen Stufe stehen. Arbeitgeber A hat also die sozialen Gesichtspunkte nicht genügend berücksichtigt. Daher ist die Kündigung nach § 1 Abs. 3 KSchG sozial ungerechtfertigt.

Beispiel 9: Arbeitnehmer B ist im Unternehmen des A als Schreiner beschäftigt, C geht aufgrund seiner herausragenden Fähigkeiten der Tätigkeit eines Vorarbeiters nach. - In dieser Konstellation verbietet sich ein Vergleich beider Arbeitnehmer, da sie in der Betriebshierarchie auf unterschiedlichen Stufen tätig sind und keine vertikale Vergleichsprüfung stattfindet.

Von der sozialen Auswahl können insbes. die „**Leistungsträger**" des Betriebs ausgenommen werden, § 1 Abs. 3 S. 2 KSchG.

68

Beispiel 10: Arbeitnehmer B ist im Unternehmen des A als Schreiner beschäftigt. C ist zwar ebenfalls Schreiner; er ist aber der einzige Mitarbeiter in der Firma, der die teure Spezialmaschine bedienen kann. – Obwohl B und C auf der gleichen Stufe stehen, ist C gemäß § 1 Abs. 3 S. 2 KSchG wegen seiner Kenntnisse und Fähigkeiten in die soziale Auswahl nicht mit einzubeziehen.

1.4.4 Der Weiterbeschäftigungsanspruch

Wenn dem Arbeitnehmer ordentlich gekündigt wurde und der Kündigungsprozess noch „läuft", stellt sich die Frage, ob der Arbeitnehmer während dieser „Übergangsphase" einen Anspruch auf Weiterbeschäftigung zu den bisherigen Bedingungen hat.

Der Arbeitnehmer hat immer dann ein Recht auf Weiterbeschäftigung, wenn der Betriebsrat der Kündigung ordnungsgemäß widersprochen und der Arbeitnehmer fristgerecht Kündigungsschutzklage erhoben hat, **§ 102 Abs. 5 S. 1 BetrVG.** In bestimmten Fällen kann der Arbeitgeber dann den Erlass einer einstweiligen Verfügung mit dem Inhalt beantragen, von der Weiterbeschäftigungspflicht entbunden zu werden, § 102 Abs. 5 S. 2 BetrVG.

Insbesondere dann, wenn das Unternehmen keinen Betriebsrat oder dieser nicht widersprochen hat, fehlt es an einer gesetzlichen Grundlage für einen Weiterbeschäftigungsanspruch. Grundsätzlich überwiegen die Interessen des Arbeitgebers an der Nichtbeschäftigung, da er in der Regel einen Grund für sein Beendigungsstreben vorweisen kann. So ist es ihm oftmals unzumutbar, den Arbeitnehmer weiter zu beschäftigen.

Beispiel 11: Der Arbeitgeber hat zu befürchten, dass der Arbeitnehmer B, wie schon geschehen, weiterhin seine Kollegen mobbt.

Der Große Senat des BAG bejaht jedoch ein Überwiegen der Arbeitnehmerinteressen und damit einen Weiterbeschäftigungsanspruch, wenn

- die Kündigung offensichtlich unwirksam ist und
- schutzwerte Interessen des Arbeitgebers nicht entgegenstehen.

Offensichtlich unwirksam ist eine Kündigung z.B. bei Verstoß gegen § 102 Abs. 1 S. 3 BetrVG oder § 9 Abs. 1 MuSchG. Spätestens aber, nachdem durch ein Urteil festgestellt wurde, dass die Kündigung unwirksam war, hat der Arbeitnehmer einen Anspruch auf Weiterbeschäftigung.

Beispiel 12: Das Arbeitsgericht in M hat festgestellt, dass die Kündigung des Arbeitnehmers B durch Arbeitgeber A unwirksam war. A geht in Berufung, so dass der Kündigungsprozess weiterläuft. – Hier hat B einen Anspruch auf Weiterbeschäftigung bis zur Beendigung des Prozesses.

1.5 Die gesetzliche Kündigungsfrist, § 622 BGB

Die ordentliche Kündigung wird erst nach Ablauf der sog. Kündigungsfrist wirksam. Gemäß § 622 Abs. 1 BGB kann die ordentliche Kündigung beiderseits mit einer Frist von vier Wochen zum Fünfzehnten oder zum Monatsende erfolgen. Ist der Arbeitnehmer länger als zwei Jahre im Betrieb beschäftigt, gelten für die Kündigung durch den Arbeitgeber i.S.d. Abs. 2 längere, gestaffelte Fristen, die sich nach der Dauer der Betriebszugehörigkeit errechnen.

Da es sich bei § 622 Abs. 2 BGB um eine besondere Schutzvorschrift zu Gunsten der Arbeitnehmer handelt, ist diese nur auf Kündigungen „durch den Arbeitgeber" anwendbar. § 622 Abs. 5 S. 1 BGB bestimmt 2 Sonderfälle, in denen der Arbeitgeber die Kündigungsfrist im Arbeitsvertrag abkürzen darf. Kündigt der *Arbeitnehmer*, ist er an die Fristen des § 622 Abs. 2 BGB also nicht gebunden. Gemäß § 622 Abs. 4 BGB können von den Absätzen 1 bis 3 abweichende Regelungen durch *Tarifvertrag* vereinbart werden.

2. Die *außerordentliche* Kündigung

2.1 Die Kündigungserklärung
- **Schriftform**
- **Zugang**

2.2 Die Anhörung des Betriebsrats, § 102 BetrVG

2.3 Der besondere Kündigungsschutz

2.4 Der wichtige Grund, § 626 Abs. 1

2.5 Die Kündigungserklärungsfrist, § 626 Abs. 2

2.6 Die Klagefrist, § 13 KSchG

2.7 Umdeutung in eine ordentliche Kündig., § 140 BGB

Bei der außerordentlichen Kündigung können Arbeitnehmer oder Arbeitgeber nach § 626 Abs. 1 BGB das Arbeitsverhältnis *ohne Einhaltung einer Frist wirksam* beenden, wenn sie sich auf einen *wichtigen Grund* berufen. Die außerordentliche Kündigung erfolgt meistens fristlos, d. h. mit sofortiger Wirkung.

2.1 Die Kündigungserklärung

In der Kündigungserklärung muss unmissverständlich zum Ausdruck gebracht werden, dass der Kündigende das Arbeitsverhältnis ohne Einhaltung einer Frist beenden will. Bei der außerordentlichen Kündigung muss *auf Verlangen des anderen Teils* der *Kündigungsgrund* unverzüglich *mitgeteilt* werden, § 626 Abs. 2 S. 3 BGB. Der Gekündigte soll so die Möglichkeit erhalten, nachzuprüfen, ob ein wichtiger Grund für die Kündigung vorliegt.

Wie auch bei der ordentlichen Kündigung ist Voraussetzung für die Wirksamkeit der außerordentlichen Kündigung, dass diese gemäß **§ 623 BGB schriftlich** erfolgt und die Erklärung dem anderen gemäß **§ 130 BGB** *zugegangen* ist.

2.2 Die Anhörung des Betriebsrats, § 102 BetrVG

Der Betriebsrat ist – sofern vorhanden – gemäß § 102 Abs. 1 BetrVG **vor jeder Kündigung** zu hören. Hierbei muss der Arbeitgeber die Gründe der Kündigung angeben, sowie dem Betriebsrat alle Informationen (zur Person und den sozialen Verhältnissen des Arbeitnehmers) zur Verfügung stellen. Wird dies versäumt, ist die Kündigung **unwirksam, § 102 Abs. 1 S. 3 BetrVG.** Die **Anhörungsfrist** des Betriebsrats beträgt anders als bei der ordentlichen Kündigung lediglich **drei Tage**, § 102 Abs. 2 S. 3 BetrVG. Auch die Nichteinhaltung dieser Frist führt zur Nichtigkeit der Kündigung. Hat der Betriebsrat sich bereits vorher geäußert, kann die Kündigung allerdings schon vor Ablauf dieser Frist ausgesprochen werden.

2.3 Der besondere Kündigungsschutz

Besonderen Kündigungsschutz genießen bei einer außerordentlichen Kündigung
- Schwangere gemäß § 9 MuSchG,
- Betriebsräte gemäß § 103 BetrVG,
- Schwerbehinderte gemäß §§ 85, 91 SGB IX,
- Erziehungsurlauber gemäß § 18 BEEG.

2.4 Der wichtige Grund nach § 626 Abs. 1 BGB

Jede außerordentliche Kündigung bedarf zu ihrer Rechtswirksamkeit eines **wichtigen Grundes.** Dazu müssen *Tatsachen* vorliegen, die unter Abwägung der Interessen beider Vertragspartner und unter Berücksichtigung aller Umstände des Einzelfalls die Fortsetzung des Arbeitsverhältnisses bis zum Ablauf der Kündigungsfrist **unzumutbar** machen.

Beispiel 13: Ein wichtiger Grund ist z.B. gegeben, wenn beim Bewerbungsgespräch gefälschte Zeugnisse vorgelegt wurden; auch das Vortäuschen von Krankheiten, die Begehung Straftaten, der Verrat von Betriebsgeheimnissen an Konkurrenzunternehmen, die Bestechlichkeit, der Spesenbetrug und die beharrliche Arbeitsverweigerung gilt als wichtiger Grund.

Es muss also dem Arbeitgeber **unzumutbar** sein, das Arbeitsverhältnis bis zu dem Zeitpunkt fortzusetzen, zu dem ordentlich gekündigt werden kann. Auch hier gilt das Ultima-Ratio-Prinzip.

Grundsätzlich bedarf es auch bei der außerordentlichen Kündigung einer vorherigen **Abmahnung** des vertragswidrigen Verhaltens. Dies gilt vor allem, wenn es um ein *steuerbares Verhalten* des betreffenden Arbeitnehmers geht und die *Wiederherstellung des Vertrauens* erwartet werden kann. Entbehrlich ist die Abmahnung nur, wenn das Fehlver-halten des Arbeitnehmers derart schwerwiegend ist, dass eine vorherige Abmahnung nicht erwartet werden kann.

2.5 Die Kündigungserklärungsfrist, § 626 Abs. 2 BGB

Nach § 626 Abs. 2 BGB muss die Kündigung innerhalb von **zwei Wochen** nach Erlangung der sicheren Kenntnis von den für die Kündigung maßgebenden Tatsachen erklärt werden. Dies ist eine Ausschlussfrist. Nach Ablauf der Frist ist die außerordentliche Kündigung automatisch unwirksam.

2.6 Die Klagefrist gemäß § 13 KSchG

Der Arbeitnehmer hat eine Kündigungsschutzklage gemäß §§ 13, 4, 7 KSchG innerhalb der **3-Wochen-Frist** zu erheben.

2.7 Die Umdeutung in eine ordentliche Kündigung

Eine unwirksame außerordentliche Kündigung, für die es etwa an dem nach § 626 Abs. 1 BGB erforderlichen wichtigen Grund fehlt, kann gemäß **§ 140 BGB** in eine wirksame ordentliche Kündigung zum nächsten Kündigungstermin **umgedeutet** werden. Dazu müssen die Voraussetzungen für eine ordentliche Kündigung (z.B. Anhörung des Betriebsrates hinsichtlich einer ordentlichen Kündigung, § 102 Abs. 1 BetrVG) vorliegen und die Umdeutung muss dem mutmaßlichen, für den Arbeitnehmer im Zeitpunkt des Kündigungszugangs erkennbaren Willen des Arbeitgebers, das Arbeitsverhältnis in jedem Fall zu beenden, entsprechen. Um ganz sicher zu gehen, kann der Arbeitgeber gleichzeitig neben der außerordentlichen Kündigung vorsorglich auch eine ordentliche Kündigung erklären, also zwei Kündigungen aussprechen.

3. Die Verdachtskündigung

Probleme tauchen auf, wenn z. B. der Verdacht einer Straftatbegehung durch den Arbeitnehmer im Raum steht, dieser sich aber (noch) nicht zweifelsfrei beweisen lässt. Das Vertrauensverhältnis zwischen Arbeitgeber und Arbeitnehmer ist jedenfalls zerstört; daher hat der Arbeitgeber ein schutzwürdiges Interesse an der außerordentlichen Kündigung. Auf der anderen Seite gilt eine **Unschuldsvermutung** zugunsten des Arbeitnehmers. An die Verdachtskündigung werden daher **strenge Anforderungen** gestellt:

- Der Verdacht muss durch **objektive Tatsachen** begründet sein, so dass sich ein verständiger und gerecht abwägender Arbeitgeber zum Kündigungsausspruch veranlasst sehen kann.
- Der Verdacht muss so **dringend** sein, dass sich bei kritischer Prüfung eine auf Indizien gestützte große Wahrscheinlichkeit der Tatbegehung durch den zu kündigenden Arbeitnehmer ergibt.
- Der Arbeitgeber muss alles ihm Zumutbare zur Sachverhaltsaufklärung getan haben, insbesondere muss dem betroffenen Arbeitnehmer die **Möglichkeit der Stellungnahme** eingeräumt werden.
- Dem Arbeitgeber war die Fortsetzung des Arbeitsverhältnisses auf Grund des dringenden Tatverdachts nach einer **Interessenabwägung** sogar bis zum Ablauf der Kündigungsfrist nicht zumutbar.

Bei der Interessenabwägung müssen wiederum alle Umstände des Einzelfalls berücksichtigt werden. Im Übrigen muss auch vor der Verdachtskündigung gemäß § 102 Abs. 1 BetrVG der Betriebsrat angehört werden.

74

▶ **Literatur zu dieser Lektion**

📖 Joussen, **Jura** 2011, 154 (§ 626 - Klausur)

📖 Holland, **JA** 2002, 209 (§ 626 - Klausur)

📖 Schürmann/Vetter, **JA** 1997, 94 (Kündigung - Grundlagen)

📖 Schöpflin, **JA** 1998, 554 (Kündigung - Klausur)

📖 Melms, **JA** 1999, 310 (Kündigung - Grundlagen)

📖 Wolf/Deinert, **Jura** 1998, 250 (255) (§ 626 - Klausur)

📖 Schimmel, **JA** 1998, 270 (Verdachtskündigung - Grundlagen)

📖 Annuß, **JA** 1997, 377 (betriebsbedingte Kündig. - Grundlagen)

📖 Hesse, **JA** 1997, 533 (betriebsbedingte Kündig. - Grundlagen)

Lektion 8: Der Betriebsübergang, § 613 a BGB

Der Betriebsübergang ist in **§ 613 a BGB** geregelt und beruht auf der Umsetzung von EU-Richtlinien. Voraussetzung ist, dass ein Betrieb oder Betriebsteil durch Rechtsgeschäft auf einen anderen Inhaber übergeht. Der neue Inhaber muss die Arbeitsaufgabe fortführen und er muss dies mit den Betriebsmitteln des vorherigen Inhabers tun.

Der Zweck des § 613 a BGB besteht darin, dass dem Arbeitnehmer durch die Betriebsübernahme keinerlei Nachteile entstehen sollen. Daher behalten die Arbeitnehmer ihre Ansprüche.

Beispiel 1: Der Techniker T ist seit 2 Jahren bei der Medizintechnikfirma M angestellt. Firma F kauft die M, übernimmt die Patente und 25 Mitarbeiter und stellt nun die Produkte her, die auch bis dahin hergestellt wurden. Zwei Monate später wird T betriebsbedingt gekündigt. T fragt, ob er Kündigungsschutz nach § 1 KSchG beanspruchen kann und wie hoch ggf. seine Abfindung wäre.

Lösung: T kann Kündigungsschutz beanspruchen, wenn sein Arbeitsverhältnis in *demselben* Betrieb oder Unternehmen ohne Unterbrechung länger als sechs Monate bestanden hat, § 1 I KSchG. Zwar ist T bei F erst seit zwei Monaten beschäftigt. Jedoch hat F durch einen Betriebsübergang gemäß § 613 a Abs. 1 BGB die bei M bestehenden Arbeitsverträge übernommen. Deshalb sind die zwei Jahre, die T bei M gearbeitet hat, hinzuzurechnen. T kann also Kündigungsschutz beanspruchen.

Bei der Abfindung wird als Faustregel für jedes Beschäftigungsjahr ein halbes Monatsentgelt festgesetzt. Aufgrund des Betriebsübergangs kann T also für 2 Jahre eine Abfindung in Höhe ca. eines Bruttomonatslohnes fordern. Zur Abfindung vgl. auch §§ 1a, 9 und 10 KSchG.

§ 613 a setzt den **Übergang eines Betriebes oder Betriebsteils** voraus. Der Übergang eines Betriebes i. S. v. § 613 a BGB erfordert, dass **wesentliche Betriebsmittel** übergehen, d. h. sachliche und immaterielle Betriebsmittel, mit denen der Erwerber bestimmte arbeitstechnische Zwecke verfolgen kann. Dabei ist nicht erforderlich, dass alle Wirtschaftsgüter, die zum Betrieb des Inhabers gehören, übergehen.

Entscheidend ist, ob der neue Inhaber mit den über-
nommenen Betriebsmitteln den Betrieb oder Betriebsteil im
Wesentlichen unverändert fortführen kann.

Beispiel 2: Betriebsmittel sind z.b. bei *Produktionsbetrieben* die Produk-
tionsstätte und die Maschinen. Insbesondere bei *Dienstleistungsbetrie-*
ben ist die Einstellung der Hauptbelegschaft eines Betriebes als organi-
sierte Gesamtheit durch einen neuen Arbeitgeber ein entscheidendes
Indiz für einen Betriebsübergang.

Ausreichend ist auch der Übergang eines **Betriebsteils.**
Hierunter ist eine organisatorische Untergliederung des Betriebs zu verstehen, in der bestimmte arbeitstechnische Teil-
zwecke verfolgt werden.

Beispiel 3: Es wird eine Betriebsabteilung oder ein Nebenbetrieb übernommen.

Nach h. M. wird der Übergang des **Betriebssubstrates** ge-
fordert. Hierbei ist zu beachten, dass eine bloße **Funk-**
tionsnachfolge (Übernahme der bisherigen betrieblichen
Tätigkeit) allein kein Betriebsübergang ist. Nach der Rechtsprechung des EUGH wird vielmehr darauf abgestellt, ob
eine **Wahrung der betrieblichen Identität** vorliegt.

Beispiel 4: Arbeitnehmer A ist bei der Reinigungsfirma R angestellt. Ar-
beitsvertraglich ist A allein für die Reinigung des Krankenhauses K zuständig. Da die Reinigungsfirma X ein günstigeres Angebot gemacht hat,
kündigt das Krankenhaus am 01.06. zum 30.09. den Vertrag mit der Firma R und erteilt ihn der Firma X. Firma R hat nun für den A keine Ver-
wendung mehr und kündigt ihm und allen anderen 87 im Krankenhaus K
eingesetzten Mitarbeitern am 02.06. zum 30.09 betriebsbedingt. Firma X
stellt von den vorher im Krankenhaus für Firma R tätigen Mitarbeitern 75
zum 30.09. bei sich ein und lässt sie im Krankenhaus K dort arbeiten, wo
sie schon früher gearbeitet haben. A macht vor Gericht geltend, dass die
Kündigung durch R wegen eines Betriebsübergangs ausgesprochen worden und deshalb nach § 613 a Abs. 4 BGB unwirksam sei. Zu Recht?

Lösung: Wegen eines Betriebsübergangs im Sinne des § 613 a Abs. 4
BGB wird eine Kündigung nur dann ausgesprochen, wenn der Betriebsübergang die *überwiegende Ursache* der Kündigung bildet. Der Betriebsübergang muss der Beweggrund für die Kündigung gewesen sein. Dabei
ist ausschließlich auf die Verhältnisse im Zeitpunkt des Wirksamwerdens
der Kündigung, also bei Zugang der Kündigung, abzustellen.

I. Im Zeitpunkt des Zugangs der Kündigung am 02.06. lag lediglich eine *Funktionsnachfolge* vor, die nach h.M. nicht die Voraussetzungen eines Betriebsübergangs im Sinne von § 613 a BGB erfüllt. Denn der bloße Verlust eines Auftrags an einen Mitbewerber stellt für sich genommen laut EuGH keinen Betriebsübergang auf den Mitbewerber dar.

II. Ein Betriebsübergang könnte jedoch dadurch zustande gekommen sein, dass die Firma X 75 der 87 vorher bei R tätigen Mitarbeiter auf ihren früheren Positionen einstellte. In Branchen, in denen es im Wesentlichen auf die menschliche Arbeitskraft ankommt, kann in einer organisierten Gesamtheit von Arbeitnehmern, die durch eine gemeinsame Tätigkeit dauerhaft verbunden sind, eine übernahmefähige wirtschaftliche Einheit gesehen werden, die im Falle ihrer Übernahme einen Betriebsübergang darstellt. Jedoch wurden die Mitarbeiter erst zum 30.09. und damit erst *nach* der Kündigung (02.06.) übernommen. Es ist daher nicht denkbar, dass dem A *wegen eines Betriebsübergangs* gekündigt worden ist.

Kommt es **nach Zugang** der Kündigung zu einem Betriebsübergang im Sinne der Rechtsprechung des EuGH, haben die gekündigten Arbeitnehmer, die in der Einheit beschäftigt waren, einen Anspruch gegen den neuen Auftraggeber, zu unveränderten Arbeitsbedingungen unter Wahrung ihres Besitzstandes eingestellt zu werden. Voraussetzung ist, dass im Zeitraum zwischen Ausspruch einer ordentlichen betriebsbedingten Kündigung und dem Kündigungstermin ein bei Ausspruch der Kündigung noch nicht abzusehender Betriebsübergang stattfindet.

In **Beispiel 4** hat A gegen Firma X einen Anspruch auf Fortsetzung des Arbeitsverhältnisses zu unveränderten Bedingungen.

Voraussetzung des § 613 a ist weiter, dass der Betrieb oder Betriebsteil durch **Rechtsgeschäft** übergeht. Ein Rechtsgeschäft liegt z.B. bei Verkauf, Verpachtung oder Fusion vor. Kein Rechtsgeschäft ist die *Gesamtrechtsnachfolge* gemäß § 1922 BGB infolge eines Erbfalls. Maßgeblich ist ferner die *tatsächliche Übernahme* des Betriebs durch Übernahme der Leitungsmacht; der Zeitpunkt des Abschlusses des Übernahmevertrages ist dagegen unbeachtlich.

Die Schutzfunktion des § 613 a BGB könnte in das Gegenteil verkehrt werden, wenn sich die Arbeitnehmer einen neuen Arbeitgeber aufdrängen lassen müssten, der sich als weniger seriöser Vertragspartner darstellt als der bisherige. Ferner darf dem Arbeitnehmer schon angesichts seines allgemeinen Persönlichkeitsrechts nach Art. 1 i. V. m. Art. 2 Abs. 1 GG und seines Rechts auf freie Wahl des Arbeitsplatzes, Art. 12 Abs. 1 GG, nicht ohne weiteres ein neuer Arbeitgeber „aufgezwungen" werden.

Nach § 613 a Abs. 6 BGB können die Arbeitnehmer daher dem Übergang des Arbeitsverhältnisses innerhalb eines Monats gegenüber dem bisherigen Arbeitgeber oder gegenüber dem Erwerber schriftlich **widersprechen.** Der Widerspruch des Arbeitnehmers führt dazu, dass das Arbeitsverhältnis mit dem alten Arbeitgeber weiter besteht.

Liegt ein Betriebsübergang vor, so hat dies folgende Rechtsfolgen:

• Übergang der Arbeitgeberstellung mit allen Rechten und Pflichten auf den neuen Inhaber, § 613 a Abs.1 S. 1 BGB. Er hat alle rückständigen und zukünftigen Haupt- und Nebenforderungen der Arbeitnehmer aus dem Arbeitsverhältnis zu erfüllen.

• Regelungen aus dem Tarifvertrag oder durch Betriebsvereinbarungen gelten individualrechtlich als Inhalt des Arbeitsvertrages zwischen Arbeitnehmer und Erwerber weiter, § 613 a Abs. 1 S. 2 BGB. Sie dürfen grds. vor Ablauf eines Jahres nach dem Zeitpunkt des Übergangs nicht zum Nachteil des Arbeitnehmers geändert werden. Danach ist eine Änderung durch Vertrag oder Änderungskündigung möglich.

79

- Gesamtschuldnerische Haftung des Veräußerers für Lohnansprüche gemäß § 613 a Abs. 2 BGB. Neuer und bisheriger Arbeitgeber haften gesamtschuldnerisch nebeneinander für Verpflichtungen aus dem Arbeitsverhältnis, soweit sie vor dem Zeitpunkt des Übergangs entstanden sind und vor Ablauf von einem Jahr nach diesem Zeitpunkt fällig werden.

- Unwirksamkeit einer Kündigung gemäß § 613 a Abs. 4 BGB. Der Betriebsübergang selbst darf kein Kündigungsgrund sein, d. h. er darf nicht wesentlich durch den Betriebsinhaberwechsel bedingt sein. Aus anderen Gründen kann der Erwerber aber kündigen. So kann er geltend machen, dass sein Bedarf an Arbeitskräften nicht so groß ist, dass er sowohl die schon bisher bei ihm tätigen wie auch die hinzukommenden Arbeitnehmer weiterbeschäftigen kann. Bei einer betriebsbedingten Kündigung hat er dann die Kriterien der sozialen Auswahl bei allen Arbeitnehmern gleich zu berücksichtigen.

▶ **Literatur zu dieser Lektion**

📖 Jacobs/Noltin, **JA** 2008, 186 (Examensklausur)

📖 Dillenburger/Pauly, **JA** 1995, 463 (§ 613 a BGB - Grundlagen)

Lektion 9: Das Teilzeit- und Befristungsgesetz

I. Einleitung

Schwerpunkte des Teilzeit- und Befristungsgesetzes (TzBfG) sind zum einen § 8 TzBfG, der für jeden Arbeitnehmer unter bestimmten Voraussetzungen die Möglichkeit vorsieht, die Arbeitszeit zu reduzieren, zum anderen § 14 TzBfG mit der Möglichkeit für die Arbeitsvertragsparteien, das Arbeitsverhältnis nur für eine bestimmte Dauer abzuschließen.

Ziel des TzBfG ist es nicht nur, Teilzeitarbeit zu fördern sowie die Zulässigkeit befristeter Arbeitsverträge verbindlich festzulegen. Das TzBfG dient auch der Verhinderung von Diskriminierungen gegenüber teilzeitbeschäftigten oder befristet beschäftigten Arbeitnehmern, vgl. §§ 4 und 5 TzBfG.

II. Allgemeine Vorschriften

1. Diskriminierungsverbot, § 4 TzBfG

1.1 Allgemeines Diskriminierungsverbot

Die §§ 1 bis 5 TzBfG enthalten Regelungen, die sowohl im Falle der Verringerung der Arbeitszeit als auch bei Arbeitsverhältnissen, die nur auf Zeit geschlossen werden, einheitlich gelten. Entsprechend der Zielsetzung des TzBfG verbietet § 4 TzBfG jede Form der Diskriminierung. So sieht § 4 Abs. 1 TzBfG vor, dass ein teilzeitbeschäftigter Arbeitnehmer nur wegen der Teilzeitarbeit gegenüber vergleichbaren vollzeitbeschäftigten Arbeitnehmern nicht schlechter gestellt werden darf.

Korrespondierend dazu regelt § 4 Abs. 2 TzBfG, dass auch ein nur auf Zeit abgeschlossener Arbeitsvertrag die schlechtere Behandlung des betreffenden Arbeitnehmers nicht rechtfertigt.

Beide Diskriminierungsverbote werden dadurch eingeschränkt, dass sachliche Gründe eine unterschiedliche Behandlung von teilzeit- bzw. befristet beschäftigten Arbeitnehmern rechtfertigen können.

Beispiel: Tankstelleninhaber T zahlt allen vollzeitbeschäftigten Arbeitnehmern einen Stundenlohn in Höhe von 8,00 €. Die teilzeitbeschäftigte Studentin S hingegen erhält, bei gleicher Tätigkeit, lediglich 6,00 € pro Stunde. Diese Ungleichbehandlung ist nicht gerechtfertigt.

Beispiel: Im Unternehmen U erhalten alle Arbeitnehmer, die eine Betriebszugehörigkeit von mindestens zwei Jahren erreichen, ein Weihnachtsgeld in Höhe von 50 % eines Bruttomonatsgehalt. Die Aushilfskraft A arbeitet nur in der Saison für drei Monate in dem Unternehmen. Der Unternehmer darf A von der Weihnachtsgeldzahlung ausnehmen, weil für die Gewährung eine bestimmte Betriebszugehörigkeitsdauer der Mitarbeiter Voraussetzung ist, vgl. § 4 Abs. 2 S. 3 TzBfG.

Das BAG wendet das Diskriminierungsverbot mittlerweile nicht mehr nur im Verhältnis Teilzeit- und Vollzeitbeschäftigten an. Vielmehr ist es auch unzulässig, Teilzeitbeschäftigte, die in unterschiedlichem zeitlichem Umfang beschäftigt werden, unterschiedlich zu behandeln.

Besonders zu berücksichtigen ist, dass überwiegend Frauen Teilzeitarbeit leisten. Damit kann eine Ungleichbehandlung von Teil- und Vollzeitbeschäftigten grundsätzlich auch geeignet sein, Frauen mittelbar zu diskriminieren. Dabei liegt eine mittelbare Diskriminierung immer dann vor, wenn wesentlich mehr Frauen als Männer betroffen sind und die nachteiligen Folgen auf dem Geschlecht oder der Geschlechterrolle beruhen. In diesem Fall muss der Arbeitgeber beweisen können, dass die Ungleichbehandlung auf einem unabweisbaren Bedürfnis des Unternehmens beruht und die Differenzierung für die Erreichung dieses Ziels geeignet und erforderlich ist.

1.2 Diskriminierungsverbot bezüglich der Vergütung

Besonders hervorgehoben hat der Gesetzgeber, dass weder teilzeit- noch befristet beschäftigte Arbeitnehmer im Hinblick auf die Vergütung benachteiligt werden dürfen. Daher regelt

§ 4 Abs. 1 S. 2 TzBfG, dass dem Teilzeitarbeitnehmer die Vergütung entsprechend dem pro-rata-temporis-Grundsatz gezahlt werden muss. Der Arbeitgeber hat den Lohn sowie andere teilbare geldwerte Leistungen dem Teilzeitarbeitnehmer entsprechend seiner verringerten Arbeitszeit zu gewähren. Dabei umfasst der Lohn nicht nur das Grundgehalt des Arbeitnehmers sondern auch Zulagen, wie z.b. Schichtarbeitszulagen, Erschwerniszulagen oder auch Nachtarbeitszuschläge. Auch einmalige Leistungen wie das Weihnachts- oder Urlaubsgeld sind mitumfasst.

Umgekehrt geht aus dieser Vorschrift allerdings auch hervor, dass der Arbeitgeber grundsätzlich zu einer Kürzung berechtigt ist, solange diese sachlich gerechtfertigt und in Relation zur verkürzten Arbeitszeit steht. Bei allen unteilbaren Leistungen, insbesondere der Nutzung von Sozialeinrichtungen wie z.b. der Kantine oder auch dem Betriebskindergarten, ist dem teilzeit- bzw. befristet Beschäftigten grundsätzlich die gesamte Leistung zu gewähren.
Nur ausnahmsweise kann ein sachlicher Grund das Nutzungsrecht dieser Arbeitnehmer ausschließen.

Verstößt der Arbeitgeber gegen das Diskriminierungsverbot, ist der Arbeitsvertrag in dieser Hinsicht nichtig, § 134 BGB. Der benachteiligte Arbeitnehmer kann von dem Arbeitgeber Gleichbehandlung verlangen. Auch Schadenersatzansprüche sind denkbar. § 4 TzBfG gilt als Schutzgesetz i.S.d. § 823 Abs. 2 BGB.

2. Benachteilungsverbot, § 5 TzBfG

Dem Arbeitgeber ist es untersagt, einen Arbeitnehmer zu benachteiligen, weil er die Rechte aus dem TzBfG in Anspruch nimmt. Diese Vorschrift enthält ein Maßregelungsverbot, welches allerdings lediglich den Wortlaut von § 612 a BGB wiederholt, letztlich also keine eigenständige Bedeutung erfährt. Sinn dieser Vorschrift ist es, die Verhandlungsposition von Arbeitnehmern, die in Teilzeit oder auch befristet beschäftigt werden, zu stärken.

III. Anspruch auf Teilzeitarbeit, § 8 TzBfG

1. Begriff des teilzeitbeschäftigten Arbeitnehmers, § 2 TzBfG

Eine Legaldefinition für den teilzeitbeschäftigten Arbeitnehmer enthält § 2. Letztlich sagt diese Vorschrift aber nur aus, dass Teilzeitbeschäftigung vorliegt, wenn die regelmäßige wöchentliche Arbeitszeit eines Arbeitnehmers geringer ist als die eines vergleichbaren Vollzeitbeschäftigten. Als vergleichbar wird dabei ein Vollzeitbeschäftigter angesehen, wenn er eine gleiche oder jedenfalls ähnliche Tätigkeit ausgeübt, wie der Teilzeitbeschäftigte und ein gleichartiges Arbeitsverhältnis besitzt. § 2 Abs. 1 S. 3 TzBfG regelt dabei, dass der vergleichbare vollzeitbeschäftigte Arbeitnehmer aufgrund des anwendbaren Tarifvertrages zu bestimmen ist, wenn es im Betrieb keinen vergleichbaren vollzeitbeschäftigten Arbeitnehmer gibt. § 2 Abs. 2 TzBfG regelt ausdrücklich, dass auch geringfügig Beschäftigte, also 400 € Jobs, gemäß § 8 Abs. 1 Nr. 1 SGB IV, teilzeitbeschäftigt im Sinne des Gesetzes sind.

2. Förderung von Teilzeitarbeit, § 6 TzBfG

Konform dem Ziel des TzBfG verpflichtet § 6 TzBfG den Arbeitgeber, Teilzeitarbeit zu ermöglichen. Dabei soll er auch Mitarbeitern in leitenden Positionen zu einer Verringerung der Arbeitszeit verhelfen. Die leitende Position allein rechtfertigt damit nicht, die Verringerung der Arbeitszeit abzulehnen.

3. Ausschreibung; Information über freie Arbeitsplätze

3.1 Ausschreibung von Teilzeitarbeitsplätzen, § 7 Abs. 1 TzBfG

Ist ein Arbeitsplatz vorhanden, der sich auch als Teilzeitarbeitsplatz eignet, so ist er vom Arbeitgeber auch entsprechend auszuschreiben. Dabei obliegt die Frage, ob eine Eignung als Teilzeitarbeitsplatz vorhanden ist, allein der Beurteilung des Arbeitgebers. Eine Verpflichtung des Arbeitgebers, Teilzeitarbeitsplätze einzurichten, besteht somit nicht. Allerdings hat der Betriebsrat gemäß § 93 BetrVG die Möglichkeit, die innerbetriebliche Stellenausschreibung zu verlangen. Dies hindert den Arbeitgeber aber nicht daran, eine ursprünglich als Teilzeitarbeitsplatz ausgeschriebene Stelle mit einer Vollzeitkraft zu besetzen.

3.2. Informationsanspruch

3.2.1 Persönliche Information des Arbeitnehmers durch den Arbeitgeber, § 7 Abs. 2

Gemäß § 7 Abs. 2 TzBfG trifft den Arbeitgeber die Verpflichtung, einen Arbeitnehmer, der den Wunsch nach einer Veränderung der Arbeitszeit angezeigt hat, über entsprechende Arbeitsplätze zu informieren, die im Betrieb oder Unternehmen besetzt werden sollen. Da diese Vorschrift allgemein von einer "Veränderung" der Arbeitszeit spricht, ist sie sowohl anzuwenden, wenn ein Arbeitnehmer zur Vollzeit zurückkehren möchte, als auch dann, wenn er eine Verringerung der Arbeitszeit wünscht. Auch hier ist der Arbeitgeber jedoch nicht verpflichtet, entsprechende Arbeitsplätze erst zu schaffen. Das Gesetz sieht in dieser Vorschrift eine persönliche Information des Arbeitnehmers vor, nicht ausreichend ist somit ein allgemeiner Aushang im Betrieb oder im Unternehmen. Sanktionen bei Verstößen gegen die Informationspflichten sind allerdings nicht vorgesehen. Insbesondere ist § 7 Abs. 2 TzBfG kein Schutzgesetz i.S.d. § 823 Abs. 2 BGB.

3.2.2 Information der Arbeitnehmervertretung

Auch die Arbeitnehmervertretung, insbesondere also der Betriebsrat, ist durch den Arbeitgeber über vorhandene oder geplante Teilzeitarbeitsplätze sowie über die Umgestaltung von Voll- in Teilzeitarbeitsplätze und umgekehrt zu informieren. Daneben gelten die Rechte aus §§ 92 ff. BetrVG. Eine schriftliche Unterrichtung ist nicht vorgesehen. Auf Verlangen hat der Arbeitgeber der Mitarbeitervertretung die erforderlichen Unterlagen zur Verfügung zu stellen, § 7 Abs. 3 S. 2 TzBfG.

4. Verringerung der Arbeitszeit

4.1 Größe des Betriebes, § 8 Abs. 7 TzBfG

Gemäß § 8 Abs. 7 TzBfG hat jeder Arbeitnehmer, dessen Arbeitgeber ausschließlich der Auszubildenden in der Regel mehr als 15 Arbeitnehmer beschäftigt, einen Anspruch auf Verringerung der Arbeitszeit. Da diese Vorschrift auf das Unternehmen des Arbeitgebers abstellt, sind alle Arbeitnehmer aller Betriebe zusammenzurechnen. Dabei wird nach Köpfen gezählt. Die Länge der Arbeitszeit der Beschäftigten ist damit, anders als bei § 23 Abs. 1 S. 4 KSchG, ohne Bedeutung.

4.2 Geltende Fristen

Für einen Anspruch auf Verringerung der Arbeitszeit muss das Arbeitsverhältnis mindestens sechs Monate ununterbrochen bestanden haben, § 8 Abs. 1 TzBfG. Außerdem muss der Arbeitnehmer die Verringerung der Arbeitszeit mindestens drei Monate vor ihrem geplanten Beginn gegenüber dem Arbeitgeber beantragt haben, § 8 Abs. 2 TzBfG. Da diese beiden Fristen miteinander addiert werden, kann die Teilzeitarbeit frühestens 9 Monate nach Einstellung des Arbeitnehmers erfolgen.

Der Antrag des Arbeitnehmers kann formlos gestellt werden, Schriftform ist nach dem Gesetz nicht vorgesehen. Stellt der Arbeitnehmer den Antrag verspätet, so wird dieser in aller Regel dahingehend auszulegen sein, dass der Arbeitnehmer den Teilzeitwunsch auf den Zeitpunkt richten will, zu dem er die Verringerung frühestmöglich verlangen kann. Der Antrag ist also nicht unwirksam, sondern es verschiebt sich lediglich der Beginn der Teilzeitarbeit auf deren erstmals zulässigen Zeitpunkt.

4.3 Inhalt des Antrags

Der Antrag des Arbeitnehmers muss den Umfang der Verringerung enthalten. Daneben *soll* er auch die gewünschte Verteilung der verringerten Arbeitszeit angeben, § 8 Abs. 2 TzBfG. Diese Regelung ist bereits deswegen sinnvoll, weil es dem Arbeitnehmer häufig nicht nur auf eine Reduzierung der Länge seiner Arbeitszeit ankommen wird, sondern für ihn auch die Frage maßgeblich sein wird, an welchen Tagen er zur Arbeit verpflichtet ist. Eine *Verpflichtung* zur Angabe der gewünschten Verteilung besteht allerdings nicht. Der Arbeitnehmer läuft allerdings Gefahr, dass der Arbeitgeber die verringerte Arbeitszeit allein festlegt und diese Verteilung nicht mit den persönlichen Belangen des Arbeitnehmers, wie z.B. familiären Verpflichtungen, vereinbar ist.

Das Gesetz sieht keinerlei Mindestumfang für die Verringerung der Arbeitszeit vor. Denkbar ist also, dass der Arbeitnehmer seine Arbeitszeit nur ganz geringfügig reduziert.

4.4 Erörterungspflicht, § 8 Abs. 3 TzBfG

Den Arbeitgeber trifft die Obliegenheit, mit dem Arbeitnehmer den Wunsch auf Verringerung der Arbeitszeit zu erörtern, § 8 Abs. 3 TzBfG. Ein Verstoß gegen diese Obliegenheit hat allerdings keinerlei Sanktionen zur Folge.

4.5 Ablehnung des Teilzeitwunsches durch den Arbeitgeber, § 8 Abs. 4 TzBfG

Der Arbeitgeber ist nur dann berechtigt, den Teilzeitwunsch abzulehnen, wenn der Umsetzung betriebliche Gründe entgegenstehen. Allerdings sind an den betrieblichen Grund keine übertriebenen Anforderungen zu stellen: ausreichend ist es bereits, wenn dieser rational nachvollziehbar ist, es sollen insbesondere keine unzumutbaren Anforderungen an den Arbeitgeber gestellt werden. Beispiele für betriebliche Gründe nennt § 8 Abs. 4 TzBfG selbst: Danach ist der Arbeitgeber berechtigt, die Reduzierung der Arbeitszeit zu verweigern, wenn die Verringerung der Arbeitszeit

- die Organisation,
- den Arbeitsablauf oder
- die Sicherheit im Betrieb wesentlich beeinträchtigt oder
- unverhältnismäßige Kosten verursacht.

Diese Aufzählung ist nicht abschließend. Auch weitere Gründe können den Arbeitgeber berechtigen, den Teilzeitwunsch abzulehnen. Hierzu gehört insbesondere, wenn es aufgrund der besonderen Kenntnisse und Fähigkeiten, welches das Berufsbild des Arbeitnehmers verlangt, unmöglich ist, eine geeignete Ersatzkraft zu finden.

Dazu muss allerdings der Arbeitgeber beweisen können, dass eine zusätzliche Teilzeitersatzkraft auf dem für ihn maßgeblichen Arbeitsmarkt nicht zur Verfügung steht.

Ob im konkreten Einzelfall ein betrieblicher Grund dem Teilzeitverlangen entgegensteht, wird anhand folgender Beurteilungskriterien entschieden:

- Art der Tätigkeit des Arbeitnehmers,
- Umfang der vom Arbeitnehmer geforderten Arbeitszeitverkürzung,
- Anzahl der Arbeitnehmer, die Teilzeitarbeit geltend machen,

- Größe des Betriebs und
- Arbeitszeitmodell des Betriebs.

Beispiel: In dem heilpädagogischen Ganztagskindergarten St. K werden Kinder von 9:00 Uhr morgens bis 17:00 Uhr nachmittags betreut, deren körperliche und oder geistige Entwicklung gegenüber denen gleichaltriger Kinder Defizite aufweist. Diese werden mit den beschäftigten Betreuerinnen aufgearbeitet. Dabei gehört es zu dem Konzept des Kindergartens, die besondere Förderung der Kinder dadurch zu unterstützen, dass jedes Kind als feste Bezugsperson stets derselben Erzieherin zugeordnet ist. Sämtliche Betreuerinnen sind daher in Vollzeit beschäftigt. Betreuerin B möchte ihre Arbeitszeit von 40 auf 30 Stunden reduzieren. Ihr Arbeitgeber lehnt dies mit Rücksicht auf das Konzept des Kindergartens ab. Das **BAG** hat in diesem Fall dem Arbeitgeber Recht gegeben. Das pädagogische Konzept, dass die durchgehende Anwesenheit aller Betreuerinnen verlangt, stellte danach einen betrieblichen Grund dar, die Arbeitszeitverringerung zu verweigern (BAG DB 2004, 319).

Bei der Überprüfung, ob der Arbeitgeber aus betrieblichen Gründen berechtigt war, den Wunsch auf Verringerung der Arbeitszeit abzulehnen, wendet das BAG eine 3-Stufen-Prüfung an:

(1) Dabei ist auf der ersten Stufe festzustellen, ob überhaupt und wenn ja, welche betriebliche Organisation dem Konzept der vom Arbeitgeber als erforderlich angesehenen Arbeitszeitregelung zu Grunde liegt. Organisationskonzept ist das Konzept, mit dem die unternehmerische Aufgabenstellung im Betrieb verwirklicht werden soll. Die Darlegungslast dafür, dass das Organisationskonzept die Arbeitszeitregelung bedingt, liegt beim Arbeitgeber.

(2) Auf der zweiten Stufe wird geprüft, inwieweit die Arbeitszeitregelung dem Arbeitszeitverlangen des Arbeitnehmers tatsächlich entgegensteht. Dabei ist auch der Frage nachzugehen, ob durch eine dem Arbeitgeber zumutbare Änderung von betrieblichen Abläufen oder des Personaleinsatzes der betrieblich als erforderlich angesehene Arbeitszeitbedarf unter Wahrung des Organisationskonzeptes mit den indi-

viduellen Arbeitszeitwunsch des Arbeitnehmers zur Deckung gebracht werden kann.

(3) Ergibt sich hieraus, dass das Arbeitszeitverlangen des Arbeitnehmers nicht mit dem organisatorischen Konzepte der daraus folgenden Arbeitszeitregelung in Übereinstimmung gebracht werden kann, ist auf einer dritten Stufe das Gewicht der entgegenstehenden betrieblichen Gründe zu prüfen: Werden durch die vom Arbeitnehmer gewünschte Abweichung die in § 8 Abs. 4 S. 2 TzBfG genannten besonderen betrieblichen Belange und das betriebliche Organisationskonzept und die ihm zu Grunde liegende unternehmerische Aufgabenstellung wesentlich beeinträchtigt?

Außerdem können die Tarifvertragsparteien gemäß § 8 Abs. 4 S. 3 und 4 TzBfG weitere Ablehnungsgründe durch Tarifvertrag festlegen.

4.6 Rechtsfolgen der Ablehnung, § 8 TzBfG

Will der Arbeitgeber den Teilzeitwunsch des Arbeitnehmers aus betrieblichen Gründen ablehnen, bestimmt § 8 Abs. 5 TzBfG, dass er dies dem Arbeitnehmer spätestens einen Monat vor dem gewünschten Beginn der Verringerung der Arbeitszeit schriftlich mitzuteilen hat. Ist die nach Abs. 3 S. 1 vorgesehene Einigung über den Teilzeitwunsch fehlgeschlagen und lehnt der Arbeitgeber nicht spätestens einen Monat vor deren gewünschten Beginn die Teilzeit schriftlich ab, so verringert sich die Arbeitszeit in dem vom Arbeitnehmer gewünschten Umfang, § 8 Abs. 5 S. 2 TzBfG.

Daneben sieht § 8 Abs. 5 S. 3 TzBfG vor, dass bei fehlendem Einvernehmen gemäß § 8 Abs. 3 S. 2 TzBfG die Arbeitszeitverringerung gemäß der gewünschten Verteilung des Arbeitnehmers zu Stande kommt, wenn der Arbeitgeber nicht spätestens einen Monat vor dem gewünschten Beginn die Arbeitszeitverlängerung schriftlich ablehnt. Diese Regelung fingiert somit im Falle der nicht rechtzeitigen schriftlichen Mitteilung durch den Arbeitgeber sein Einverständnis sowohl bezüglich des „ob" als auch hinsichtlich des „wie" der Arbeitszeitverringerung. Lehnt der Arbeitgeber allerdings von vorneherein die Verringerung der Arbeitszeit als solche ab, wird sich eine Ablehnung hinsichtlich der Verteilung erübrigen.

Voraussetzung für diese Zustimmungsfiktion ist, dass beide Parteien die Arbeitszeitverringerung erörtert haben. Kommt der Arbeitgeber bereits seiner Obliegenheit zur Erörterung des Reduzierungsverlangens des Arbeitnehmers nicht nach, greift die Zustimmungsfiktion nicht ein.

Unabhängig davon, ob der Arbeitgeber der Reduzierung der Arbeitszeit zugestimmt oder sie berechtigt abgelehnt hat, bestimmt § 8 Abs. 6 TzBfG, dass der Arbeitnehmer eine erneute Verringerung der Arbeitszeit frühestens nach Ablauf von zwei Jahren verlangen kann.

5. Gerichtliche Durchsetzung des Anspruchs

Egal, ob der Arbeitgeber sich zu Recht oder zu Unrecht weigert, dem Teilzeitwunsch des Arbeitnehmers zu entsprechen, muss dieser Anspruch gerichtlich durchgesetzt werden. Dabei kann in besonders dringlichen Fällen auch eine einstweilige Verfügung in Betracht kommen.

Auf gar keinen Fall darf der Arbeitnehmer, auch bei offensichtlich unberechtigter Weigerung des Arbeitgebers, die Arbeitszeit zu reduzieren, der Arbeit eigenmächtig fernbleiben. Dies würde einen wichtigen Grund zur außerordentlichen Kündigung des Arbeitsverhältnisses darstellen.

Eine entsprechende Klage richtet sich auf die Abgabe der auf Zustimmung zur Arbeitszeitreduzierung gerichteten Willenserklärung gemäß § 894 ZPO, die mit Rechtskraft des Urteils als abgegeben fingiert wird.

Eine *Klagefrist* besteht nicht. Der Anspruch kann jedoch verwirken, § 242 BGB, wenn der Arbeitnehmer nach der Ablehnung des Anspruchs durch den Arbeitgeber mehr als ein bis zwei Monate verstreichen lässt. In diesen Fällen darf der Arbeitgeber dann grundsätzlich darauf vertrauen, dass der Arbeitnehmer den Anspruch nicht mehr gerichtlich durchsetzen will. Im Falle der gerichtlichen Auseinandersetzung ist der Arbeitgeber an die außergerichtlich dem Arbeitnehmer mitgeteilten Gründe gebunden.

Streitig ist, auf welchem Beurteilungszeitpunkt es bei einer Klage auf Arbeitszeitreduzierung oder -verteilung ankommt. Zum Teil wird hierzu die Auffassung vertreten, der maßgebliche Beurteilungszeitpunkt sei der Zeitpunkt der letzten mündlichen Verhandlung in der letzten Tatsacheninstanz. Das Bundesarbeitsgericht folgt dieser Auffassung nicht, sondern stellt richtigerweise auf den Zeitpunkt der Entscheidung des Arbeitgebers ab.

6. Rückkehr zur Vollzeitarbeit, § 9 TzBfG

Wünscht der teilzeitbeschäftigte Arbeitnehmer eine Rückkehr zur Vollzeitarbeit, hat der Arbeitgeber dies bei der Besetzung entsprechender freier Stellen bevorzugt zu berücksichtigen.

Vorausgesetzt wird hierbei, dass ein entsprechender Arbeitsplatz vorhanden ist. Der Arbeitnehmer kann nicht verlangen, dass ein solcher für ihn erst geschaffen wird.

Anders als bei § 8 Abs. 4 TzBfG sieht § 9 TzBfG nur dann keinen Anspruch auf Verlängerung der Arbeitszeit vor, wenn dies durch dringende betriebliche Gründe oder Arbeitszeitwünsche anderer teilzeitbeschäftigter Arbeitnehmer bedingt ist. Folglich sind die Anforderungen an die Ablehnungsgründe höher als bei § 8 Abs. 4 TzBfG. Die Rechtsprechung verlangt hier Gründe „von erheblichem Gewicht". Der Arbeitnehmer hat Anspruch gegen seinen Arbeitgeber auf Verlängerung der Arbeitszeit, wenn sich keine besseren Konkurrenten bewerben. Diesen Anspruch kann er auch im Wege der allgemeinen Leistungsklage gerichtlich durchsetzen. Auch die Durchsetzung im Wege der einstweiligen Verfügung kommt in Betracht.

Berücksichtigt der Arbeitgeber zu Unrecht einen Teilzeitbeschäftigten bei der Besetzung eines Vollzeitarbeitsplatzes nicht, bestehen daneben auch Ansprüche auf Schadensersatz, gerichtet auf den entgangenen Verdienst (§§ 275 Abs. 1 und 4, 280 Abs. 1 und 3, 281 Abs. 2, 283 S. 1, 276, 278 S. 1 Alt. 2, 251 Abs. 1, 252 BGB).

7. Aus- und Weiterbildung, § 10 TzBfG

Der Arbeitgeber ist verpflichtet, dafür Sorge zu tragen, dass auch Teilzeitbeschäftigte an Maßnahmen der Aus- und Weiterbildung teilnehmen können. Ausnahmen gelten nur dann, wenn dringende betriebliche Gründe oder Aus- und Weiterbildungswünsche anderer Arbeitnehmer entgegenstehen.

Grundsätzlich ist der Arbeitgeber berechtigt, unter mehreren Arbeitnehmern, die eine Aus- und Weiterbildung wünschen, nach billigem Ermessen auszuwählen. Verweigert der Arbeitgeber die Teilnahme des Teilzeitbeschäftigten an den Aus- und Weiterbildungsmaßnahmen aus betrieblichen Gründen, so müssen diese ebenfalls von einigem Gewicht sein. Auch hier kann auf die beispielhafte Aufzählung aus § 8 Abs. 4 TzBfG zurückgegriffen werden.

8. Kündigungsverbot, § 11 TzBfG

Hinsichtlich der Kündigung von teilzeitbeschäftigten Arbeitnehmern gelten grundsätzlich die allgemeinen Anforderungen. Auch der allgemeine sowie besondere Kündigungsschutz greifen ein. Ausgeschlossen sind allerdings Kündigungen, die ausgesprochen werden, weil der Arbeitnehmer sich geweigert hat, von einem Vollzeit- in ein Teilzeitarbeitsverhältnis oder umgekehrt zu wechseln. Dabei muss die Kündigung wegen der Weigerung des Arbeitnehmers erfolgt sein, sie muss also der tragende Grund für den Ausspruch der Kündigung sein.

IV. Die Befristung von Arbeitsverhältnissen

1. Begriff des befristet beschäftigten Arbeitnehmers, § 3 TzBfG

Auch für den befristet beschäftigten Arbeitnehmer enthält das TzBfG eine Legaldefinition. Danach gilt, dass ein Arbeitnehmer befristet beschäftigt ist, wenn er aufgrund eines auf eine bestimmte Zeit geschlossenen Arbeitsvertrags beschäftigt wird. Dabei kann die Beschäftigung auf Zeit sowohl auf einer kalendermäßigen Befristung, also einer **Zeitbefristung**, als auch auf einer **Zweckbefristung** beruhen. Auch in diesem Fall legt das Gesetz fest, dass als vergleichbar ein unbefristet beschäftigter Arbeitnehmer des Betriebes mit der gleichen oder einer ähnlichen Tätigkeit anzusehen ist.

Ist ein solcher nicht vorhanden, ist der vergleichbare unbefristet beschäftigte Arbeitnehmer aufgrund des anwendbaren Tarifvertrages zu bestimmen.

Einige Vorschriften des TzBfG gelten auch für **auflösend bedingte** Arbeitsverträge (§ 12 TzBfG).

2. Arten der Befristung

2.1 Zeit- und Zweckbefristung, § 15 TzBfG

2.1.1 Zeitbefristung

Bei einer Zeitbefristung ist das Ende des Arbeitsverhältnisses genau bestimmt. Es steht somit von vornherein fest, dass das Arbeitsverhältnis enden wird und wann es enden wird. Das „Ob" und „Wann" der Beendigung des Arbeitsverhältnisses sind damit bestimmt. Ausreichend ist dabei, wenn sich der Beendigungszeitpunkt aus der Angabe eines genau bestimmbaren Zeitraums ergibt.

2.1.2 Zweckbefristung

Von einer Zweckbefristung spricht man, wenn sich die Dauer des Arbeitsvertrages aus seinem Zweck, Art oder aus der Beschaffenheit der Arbeitsleistung ergibt.

Beispiel: Der Arbeitnehmer A wird eingestellt zur Vertretung des Arbeitnehmers B, bis dieser wieder genesen ist und seine Arbeit wieder aufnehmen kann.

Anders als bei der Zeitbefristung ist somit unbestimmt, wann das Arbeitsverhältnis endet. Bestimmt ist allein, dass es enden wird. Weil für den Arbeitnehmer ungewiss ist, wann der Zweck erfüllt ist, sieht § 15 Abs. 2 TzBfG eine Verpflichtung des Arbeitgebers vor, den Zeitpunkt der Zweckerreichung mindestens zwei Wochen im Voraus schriftlich mitzuteilen.

2.2 Doppelbefristung

Es ist zulässig, Zweck und Zeitbefristung miteinander zu kombinieren. Auf diese Weise kann sich der Arbeitgeber dahingehend absichern, dass das zweckbefristete Arbeitsverhältnis spätestens zu dem von ihm gewünschten Termin ausläuft.

2.3 Befristung mit Sachgrund, § 14 TzBfG

Grundsätzlich ist die Befristung eines Arbeitsverhältnisses geeignet, das Eingreifen des Kündigungsschutzgesetzes, etwa durch den Abschluss von Arbeitsverhältnissen, deren Dauer jeweils sechs Monate nicht erreicht, zu verhindern. Die Befristung eines Arbeitsverhältnisses ist aber jedenfalls dann zulässig, wenn sie durch einen Sachgrund gerechtfertigt ist. Das Gesetz führt in § 14 Abs. 1 TzBfG exemplarisch acht Sachgründe auf, die den Abschluss eines Arbeitsverhältnisses auf Zeit rechtfertigen können.

Hierbei handelt es sich um:

- den nur vorübergehenden Bedarf an der Arbeitsleistung,
- die Befristung im Anschluss an eine Ausbildung oder ein Studium, um den Abschluss eines dauernden Arbeitsverhältnisses zu erleichtern,
- die Eigenart der Beschäftigung,
- die Erprobung,
- Gründe in der Person des Arbeitnehmers,
- Die Vergütung aus Haushaltsmitteln und
- den gerichtlichen Vergleich.

2.3.1 Vorübergehender Personalbedarf, § 14 Abs. 1 Nr. 1 TzBfG

Hierbei handelt es sich um einen häufigen Grund, das Arbeitsverhältnis nur befristet abzuschließen. Der vorübergehende Personalbedarf kann sich sowohl aus
- einem vorübergehenden Arbeitskräftemehrbedarf,
- dem künftigen Minderbedarf wie auch aus einem nur
- periodischen Arbeitsanfall ergeben.

Ein *vorübergehender Arbeitskräftemehrbedarf* liegt dann vor, wenn in dem Betrieb zwar vorübergehend ein erhöhter Arbeitsanfall vorliegt, aber bereits absehbar ist, dass die Arbeit in absehbarer Zeit wieder mit der regelmäßigen Belegschaftsstärke erledigt werden kann.

Beispiel: Rabattaktionen oder ein Großauftrag.

Von einem *künftigen Minderbedarf,* der einen Sachgrund für die Befristung des Arbeitsverhältnisses darstellt, kann ausgegangen werden, wenn der Unternehmer davon ausgehen muss, dass er die Arbeitsleistung des Mitarbeiters in absehbarer Zeit nicht mehr benötigen wird. Ein häufiger Fall liegt dann vor, wenn der Betrieb rationalisiert oder geschlossen wird, und die Abwicklung der Restarbeiten den erhöhten Arbeitskräftebedarf verursacht.

Ein *periodischer Arbeitsanfall* kann sich durch Saisonarbeit wie auch bei Kampagnebetrieben ergeben. In Saisonbetrieben wird zwar über das ganze Jahr gearbeitet, in bestimmten Zeiträumen fällt aber mehr Arbeit an, als auf das ganze Jahr gesehen. Hierzu gehört vor allem der Touristik- und Gastronomiebereich. In Kampagnebetrieben wird demgegenüber nur einige Monate im Jahr überhaupt gearbeitet. Außerhalb dieses Zeitraums fällt in Kampagnebetrieben überhaupt keine Arbeit an. Hierzu gehören vor allem Freibäder, Minigolfplätze u.ä.

2.3.2 Erleichterung des Übergangs in eine Beschäftigung im Anschluss an eine Ausbildung oder ein Studium, § 14 Abs. 1 Nr. 2 TzBfG

Ein weiterer Sachgrund für die Befristung von Arbeitsverhältnissen liegt dann vor, wenn sie dazu dienen soll, dass der Arbeitnehmer erste Berufserfahrung sammeln kann. Dabei muss ein zeitlicher Zusammenhang zwischen der Beendigung der Ausbildung und der Befristung bestehen. Eine geringfügige zeitliche Zäsur zwischen Beendigung der Ausbildung und Aufnahme der Beschäftigung ist aber unschädlich.

Das Gesetz enthält keine Regelung darüber, wie lange ein solches Arbeitsverhältnis bestehen darf. Allgemein wird angenommen, dass eine einmalige Befristung von bis zu zwei Jahren zulässig ist.

2.3.3 Beschäftigung zur Vertretung eines anderen Arbeitnehmers, § 14 Abs. 1 Nr. 3 TzBfG

Fällt ein Arbeitnehmer vorübergehend aus, z. B. wegen Krankheit, Urlaub oder auch der Ableistung des Wehrdienstes, ist die Befristung des Arbeitsverhältnisses der Ersatzkraft zulässig. Dabei ist auch die so genannte *mittelbare Vertretung* erlaubt. Diese liegt dann vor, wenn die Vertretungskraft nicht die Aufgaben des ausgefallenen Arbeitnehmers erledigt, sondern diese von einem anderen Kollegen wahrgenommen werden, während die Vertretungskraft den Aufgabenbereich dieses Kollegen zugewiesen bekommt.

Beispiel: Arbeitnehmer A ist seit Monaten arbeitsunfähig erkrankt. Seinen Arbeitsplatz nimmt vorübergehend Kollege B ein. C wird eingestellt, um die Aufgaben von B zu erledigen.

2.3.4 Eigenart der Arbeitsleistung, § 14 Abs. 1 Nr. 4 TzBfG

Dieser Befristungsgrund bezieht sich insbesondere auf den künstlerischen Bereich. Er ermöglicht vor allem die Befristung von Arbeitsverhältnissen von Rundfunkmitarbeitern und Kulturschaffenden. Er soll insbesondere dem wechselnden Publikumsgeschmack Rechnung tragen.

2.3.5 Erprobung, § 14 Abs. 1 Nr. 5 TzBfG

Es ist zulässig, wenn der Arbeitnehmer bis zu einer Dauer von sechs Monaten befristet zur Probe eingestellt wird. Wählt der Arbeitgeber diesen Sachgrund, bedeutet das für den Arbeitnehmer, dass er selbst dann, wenn er sich im Rahmen des Probearbeitsverhältnisses bewährt, keinen Anspruch auf Abschluss eines dauernden Arbeitsverhältnisses hat.

2.3.6 Gründe in der Person des Arbeitnehmers, § 14 Abs. 1 Nr. 6 TzBfG

Gerechtfertigt ist die Befristung auch, wenn diese auf sozialen Erwägungen oder auf dem Wunsch des Arbeitnehmers selbst beruht. Soziale Belange liegen dann vor, wenn die Befristung dazu dienen soll, einen gewissen Zeitraum, z. B. bis zur Aufnahme einer neuen Beschäftigung oder eine Ausbildung, zu überbrücken. Dieser Sachgrund ist auch dann gegeben, wenn die Befristung auf der eigenen, freien Entscheidung des Arbeitnehmers beruht.

Dies ist aber nur dann der Fall, wenn der Arbeitnehmer vor die Wahl gestellt, ob er ein unbefristetes oder befristetes Arbeitsverhältnis wünscht, sich für das befristete entschieden hätte. Dies kann z.B. der Fall sein, wenn der Arbeitnehmer wegen familiärer Verpflichtungen nur einen begrenzten Zeitraum arbeiten möchte.

2.3.7 Zeitlich begrenzter Haushaltsmittel, § 14 Abs. 1 Nr. 7 TzBfG

Sind Haushaltsmittel nur vorübergehend vorhanden und wird der Arbeitnehmer aufgrund dieser Haushaltsmittel beschäftigt, zum Beispiel im Rahmen eines Forschungsprojekts, ist ebenfalls die Befristung des Arbeitsverhältnisses mit Sachgrund möglich.

2.3.8 Gerichtlicher Vergleich, § 14 Abs. 1 Nr. 8 TzBfG

Es reicht für eine zulässige Befristung immer aus, wenn diese auf einem gerichtlichen Vergleich beruht. Dabei wird unterstellt, dass bereits die Mitwirkung des Gerichts eine hinreichende Berücksichtigung der Arbeitnehmerinteressen gewährt.

2.3.9 Weitere Sachgründe

Die Aufzählung in § 14 Abs. 1 Nr. 1 bis 8 TzBfG ist nicht abschließend. So sieht z.B. § 21 BEEG (Bundeselterngeld- und Elternzeitgesetz) vor, dass auch zur Vertretung während der Elternzeit eine zulässige Befristung möglich ist. Darüber hinaus ist es möglich, dass auch andere, gesetzlich nicht geregelte Fälle als Sachgrund für eine zulässige Befristung dienen. Voraussetzung ist, dass eine solche Befristung mit der Auffassung verständiger und verantwortungsbewusster Vertragspartner im Moment des Vertragsschlusses sowie mit der Branchenüblichkeit in Einklang zu bringen ist. Auch die Dauer der Befristung muss diese rechtfertigen.

Diese Voraussetzungen sind z.B. gegeben, bei

- Studentenjobs,
- staatlichen Maßnahmen zur Schaffung neuer Arbeitsplätze sowie
- bei der Vereinbarung, nach der das Arbeitsverhältnis mit der Vollendung eines bestimmten Lebensjahres enden soll.

3. Schriftform, § 14 Abs. 4 TzBfG

Die wirksame Befristung des Arbeitsverhältnisses setzt voraus, dass die Befristungsabrede dem Schriftformerfordernis genügt. Dabei ist nicht erforderlich, dass der ganze Arbeitsvertrag schriftlich abgeschlossen wird. Ausreichend ist vielmehr, wenn allein die Befristungsabrede die Schriftform einhält. Bei einer Zweckbefristung gilt: Um überhaupt zu ermöglichen, dass der Arbeitnehmer erkennen kann, welche Umstände zur Beendigung seines Arbeitsverhältnisses führen, muss der *Befristungsgrund* dem Schriftformerfordernis genügen.

Die Befristungsabrede muss vor der tatsächlichen Arbeitsaufnahme schriftlich getroffen werden. Es reicht nicht aus, wenn nach erfolgter Arbeitsleistung die Befristung nachträglich schriftlich bestätigt wird. In diesen Fällen ist das Arbeitsverhältnis bereits wegen Verstoßes gegen das Schriftformerfordernis als auf Dauer geschlossen anzusehen. Allerdings sieht § 16 S. 2 TzBfG vor, dass dann, wenn die Unwirksamkeit der Befristung allein auf einem Formverstoß beruht, das Arbeitsverhältnis vor dem vereinbarten Ende unter Einhaltung der gesetzlichen oder vereinbarten Kündigungsfrist gekündigt werden kann.

4. Kettenbefristungen

Vorausgesetzt, es liegt jedes Mal ein Sachgrund vor, können auch mehrere befristete Arbeitsverhältnisse nacheinander abgeschlossen werden. So ist es z.B. zulässig, ein- und denselben Mitarbeiter zur Vertretung mehrerer verschiedener Arbeitnehmer einzustellen. Allerdings wächst mit zunehmender Dauer der Beschäftigung die Schutzbedürftigkeit des Arbeitnehmers. Der Arbeitgeber ist daher verpflichtet, vor einer erneuten Befristung zu prüfen, ob nicht auch eine unbefristete Beschäftigung möglich ist.

Macht der Arbeitnehmer vor dem Arbeitsgericht geltend, die Befristung eines von mehreren Arbeitsverhältnissen sei unzulässig gewesen, wird grundsätzlich nur das letzte befristete Arbeitsverhältnis gerichtlich überprüft.

5. Befristung ohne Sachgrund, § 14 Abs. 2 TzBfG

5.1 Sachgrundlose Befristung gemäß § 14 Abs. 2 TzBfG

§ 14 Abs. 2 TzBfG erlaubt die kalendermäßige Befristung ohne Sachgrund für maximal zwei Jahre. Dabei erlaubt das Gesetz auch, ein ohne Sachgrund befristetes Arbeitsverhältnis bis zur Höchstdauer von zwei Jahren bis zu dreimal zu verlängern.

Beispiel: Arbeitnehmer A wird zunächst für sechs Monate eingestellt. Arbeitgeber B verlängert dreimal jeweils kurz vor Ende des Arbeitsverhältnisses dieses um je weitere sechs Monate. Insgesamt ist Arbeitnehmer A also für 24 Monate beschäftigt. Die Dauer seines Arbeitsverhältnisses überschreitet somit nicht die gesetzliche Höchstgrenze.

Die sachgrundlose Befristung eines Arbeitnehmers ist nur bei *Neueinstellungen* erlaubt. Bestand bereits einmal ein Arbeitsverhältnis mit dem Arbeitnehmer, unabhängig, ob dieses befristet mit oder ohne Sachgrund oder auch unbefristet abgeschlossen wurde, ist die Befristung ohne Sachgrund nicht mehr zulässig, § 14 Abs. 2 S. 2 TzBfG. Die Rechtsprechung hat dieses Verbot allerdings gelockert.

Hiernach ist nur eine Vorbeschäftigung innerhalb der letzten drei Jahre befristungsschädlich.

5.2 Sachgrundlose Befristung gem. § 14 Abs. 2 a TzBfG

Eine weitere Möglichkeit, Arbeitsverhältnisse ohne Sachgrund zu befristen, regelt § 14 Abs. 2 a TzBfG. Diese Vorschrift gilt allerdings nur für neu gegründete Unternehmen, sofern die Neugründung nicht im Zusammenhang mit einer rechtlichen Umstrukturierung von Unternehmen oder Konzern steht. Erlaubt ist nach dieser Vorschrift eine bis zu vierjährige Befristung innerhalb der ersten vier Jahre seit Unternehmensgründung. Folglich ist es z.b. zulässig, im vierten Jahr nach der Neugründung ein sachgrundlos befristetes Arbeitsverhältnis (auch gestückelt) für die Dauer von vier Jahren abzuschließen.

5.3 Sachgrundlose Befristung gem. § 14 Abs. 3 TzBfG

§ 14 Abs. 3 TzBfG schließlich erlaubt die kalendermäßige Befristung ohne Sachgrund für maximal fünf Jahre, falls der Arbeitnehmer bei Beginn des befristeten Arbeitsverhältnisses das 52. Lebensjahr vollendet hat und unmittelbar vor Beginn des befristeten Arbeitsverhältnisses mindestens vier Monate beschäftigungslos i. S. des § 138 Abs. 1 Nr. 1 SGB III gewesen ist, Transferkurzarbeitergeld bezogen oder an einer öffentlich geförderten Beschäftigungsmaßnahme nach SGB II oder SGB III teilgenommen hat.

6. Rechtsfolgen unwirksamer Befristung, § 16 TzBfG

Ist die Befristung des Arbeitsverhältnisses wegen des Fehlens eines Sachgrundes oder wegen der Überschreitung der zeitlichen Grenze für ein sachgrundlos befristetes Arbeitsverhältnis unwirksam, so gilt das Arbeitsverhältnis als auf unbestimmte Zeit geschlossen. Hierzu bestimmt § 16 TzBfG, dass der Arbeitsvertrag vom Arbeitgeber frühestens zum vereinbarten Ende ordentlich gekündigt werden kann. Dies soll den Arbeitnehmer vor unzulässigen Befristungen schützen.

7. Beendigung von befristeten Verträgen, § 15 TzBfG

Ist der Arbeitsvertrag wirksam befristet, endet das Arbeitsverhältnis bei Zeitbefristungen mit Ablauf derjenigen Zeit für die das Arbeitsverhältnis eingegangen wurde, § 15 Abs. 1 TzBfG.
Bei Zweckbefristungen endet das Arbeitsverhältnis mit Zweckerreichung.

Das Recht, das Arbeitsverhältnis *ordentlich* zu kündigen, ist bei Befristungen in aller Regel ausgeschlossen. Allerdings ist es möglich, das Recht zur ordentlichen Kündigung arbeits- oder tarifvertraglich zu vereinbaren, § 15 Abs. 3 TzBfG.

Das Recht zur *außerordentlichen* Kündigung bei Vorliegen eines wichtigen Grundes hingegen besteht stets.

8. Entfristungsklagen, § 17 TzBfG

Will der Arbeitnehmer gerichtlich geltend machen, dass die Befristung des Arbeitsverhältnisses unwirksam war und deswegen ein Arbeitsverhältnis auf Dauer eingegangen wurde, muss er binnen *drei Wochen* nach dem vereinbarten Ende des befristeten Vertrages Klage vor dem Arbeitsgericht erheben. Diese ist auf die Feststellung gerichtet, dass das Arbeitsverhältnis nicht aufgrund der Befristung beendet wurde.

▶ **Literatur zu dieser Lektion**
📖 Seel **JA** 2011, 608 *(Grundlagenwissen)*
📖 Hamann **Jura** 2003, 73 *(Grundlagenwissen)*

Lektion 10: Das Allgemeine Gleichbehandlungsgesetz

I. Ziel des Gesetzes, § 1 AGG

Ziel dieses Gesetzes ist, Benachteiligung aus Gründen

- der Rasse oder
- wegen der ethnischen Herkunft,
- des Geschlechts,
- der Religion oder
- Weltanschauung,
- einer Behinderung,
- des Alters oder
- der sexuellen Identität

zu verhindern oder zu beseitigen.

Das Gleichbehandlungsgesetz beruht auf der Umsetzung der europäischen Antidiskriminierungsrichtlinien, insbesondere RL 2000/43/EG vom 29.6.2000 und RL 2000/78/EG vom 27.11.2000. Ziel des Gesetzes ist es, einen weitreichenden Schutz vor Diskriminierung im Arbeitsleben sowie in bestimmten Bereichen des Zivilrechts zu gewährleisten.

Dabei war bereits vor Inkrafttreten des Allgemeinen Gleichbehandlungsgesetzes umstritten, ob der bis dahin vorgesehene Schutz der nun weggefallenen §§ 611a, 611b und § 612 Abs. 3 BGB sowie des § 81 Abs. 2 SGB IX nicht ausreichend sei, den angestrebten Schutz für Beschäftigungsverhältnisse sicherzustellen. Anders jedoch als diese ursprünglichen Regelungen, deren Anwendungsbereich allein auf das Arbeitsrecht beschränkt war, weiten die §§ 19 bis 21 AGG den Schutz vor Diskriminierung auf bestimmte Bereiche des Zivilrechts aus.

II. Geltungsbereich des AGG

1. Persönlicher Geltungsbereich, § 6 AGG

In persönlicher Hinsicht umfasst das Gesetz Arbeitnehmer-innen und Arbeitnehmer, Auszubildende, arbeitnehmer-ähnliche Personen/Heimarbeiter, Bewerberinnen und Bewerber für ein Beschäftigungsverhältnis sowie ehemalige Beschäftigte. Adressat des Diskriminierungsverbotes ist der Arbeitgeber im Sinne des § 6 Abs. 2 AGG. Im Bereich der Arbeitnehmerüberlassung gilt auch der entleihende Unternehmer als Arbeitgeber im Sinne des Gesetzes.

2. Sachlicher Geltungsbereich, § 2 AGG

Der sachliche Geltungsbereich erfasst nach § 2 Abs. 1 AGG die

- Bedingungen, die für den Zugang zu einer unselbstständigen oder selbstständigen Erwerbstätigkeit oder
- den beruflichen Aufstieg maßgebend sind,
- sämtliche Beschäftigungs- und Arbeitsbedingungen, einschließlich der Vergütung,
- die Mitgliedschaft in einer Arbeitnehmer- oder Arbeitgebervereinigung,
- den Sozialschutz,
- soziale Vergünstigungen,
- Bildung sowie
- den Zugang und die Versorgung mit Gütern und Dienstleistungen, die der Öffentlichkeit zur Verfügung stehen, einschließlich von Wohnraum.

Auf die Kündigung von Arbeitsverhältnissen ist das AGG hingegen nicht anwendbar. Hier gelten ausschließlich die Bestimmungen zum allgemeinen und besonderen Kündigungsschutz, § 2 Abs. 4 AGG.

III. Verbot der Benachteiligung

1. Benachteiligungsverbot, § 7 AGG

Kern des AGG ist das in § 7 AGG normierte Benachteiligungsverbot. Danach dürfen Beschäftigte nicht wegen eines in § 1 genannten Grundes benachteiligt werden. Jede Bestimmung oder Vereinbarung, die gegen dieses Benachteiligungsverbot verstößt, ist gemäß § 7 Abs. 2 AGG unwirksam. Gleichzeitig sieht § 7 Abs. 3 AGG vor, dass eine Benachteiligung durch Arbeitgeber oder Beschäftigte auch eine Verletzung der arbeitsvertraglichen Pflichten ist.

2. Begriff der Benachteiligung, § 3 AGG

2.1 Unterschiedliche Begriffe

Was überhaupt eine Benachteiligung im Sinne des Gesetzes darstellt, erläutert § 3 AGG. Diese Vorschrift unterscheidet Benachteiligungen ihrer Intensität nach. Danach ist die *unmittelbare* Benachteiligung von der *mittelbaren* Benachteiligung zu differenzieren. Weiterhin werden die Begrifflichkeiten *Belästigung* (Abs. 3) sowie *sexuelle Belästigung* (Abs. 4) voneinander unterschieden.

2.2 Unmittelbare Benachteiligung, § 3 Abs. 1 AGG

Nach der ein wenig umständlichen Beschreibung im Gesetzestext liegt eine unmittelbare verbotene Benachteiligung immer dann vor, wenn eine Person wegen eines in § 1 AGG genannten Grundes eine weniger günstige Behandlung erfährt, als eine andere Person in einer vergleichbaren Situation erfährt, erfahren hat oder erfahren würde. Mit anderen Worten: eine unmittelbare Benachteiligung liegt immer dann vor, wenn eine Person wegen eines in § 1 AGG genannten Kriteriums schlechter behandelt wird als eine andere Person in vergleichbarer Lage.

106

Beispiel: Im Unternehmen B erhalten alle männlichen Sachbearbeiter ein Gehalt in Höhe von 3000 € brutto. Die weiblichen Sachbearbeiter, die die gleiche Tätigkeit verrichten, erhalten ein Gehalt in Höhe von 2700 € brutto.

Eine unmittelbare Benachteiligung ist grundsätzlich unzulässig. Der klassische Fall der unmittelbaren Benachteiligung war vor Inkrafttreten des AGG geregelt in den §§ 611a, 611b BGB. Nach diesen Regelungen war es insbesondere untersagt, Arbeitsbedingungen wegen des Geschlechts unterschiedlich zu gestalten oder einen zu besetzenden Arbeitsplatz nur für ein Geschlecht auszuschreiben.

Eine solche unmittelbare Diskriminierung war nur dann gerechtfertigt, wenn das Geschlecht unverzichtbare Voraussetzung für die Ausübung der Tätigkeit war. Dies war nur in absoluten Ausnahmefällen der Fall. Bejaht wurde die Zulässigkeit einer solchen Diskriminierung z.B. für den künstlerischen Bereich. So war es erlaubt, für die Stelle einer Primaballerina nur Frauen zur Bewerbung aufzufordern.

Hatte der Arbeitgeber die unmittelbare Diskriminierung zu Unrecht vorgenommen, konnte die diskriminierte Person Schadensersatz geltend machen. Beruhte die Ungleichbehandlung nur auf dem Geschlecht, war der Schadenersatz, zumindest theoretisch, der Höhe nach nicht begrenzt. War hingegen das Geschlecht nur eines von mehreren Kriterien für die Ungleichbehandlung, konnte Schadenersatz von bis zu drei Bruttomonatsgehältern verlangt werden.

Das Verbot der diskriminierenden Stellenausschreibung findet sich jetzt in § 11 AGG, vgl. unten Seite 109.

2.3 Mittelbare Benachteiligung, § 3 Abs. 2 AGG

Nach der in § 3 Abs. 2 AGG geregelten Legaldefinition liegt eine mittelbare Benachteiligung dann vor, wenn zwar dem Anschein nach neutrale Vorschriften, Kriterien oder Verfahren Personen wegen eines in § 1 AGG genannten Grundes gegenüber anderen Personen in besonderer Weise be-

nachteiligen können, es sei denn, die betreffenden Vorschriften, Kriterien oder Verfahren sind durch ein recht-
mäßiges Ziel sachlich gerechtfertigt und die Mittel sind zur
Erreichung dieses Zieles angemessen und erforderlich.
Folglich ist eine mittelbare Benachteiligung im Sinne dieser
Vorschrift immer dann gegeben, wenn auf den ersten Blick
neutrale Vorschriften eingreifen, diese aber tatsächlich geeignet sind, eine Person gegenüber einer anderen schlechter zu stellen.

Beispiel: Die Stellenausschreibung eines Unternehmens für einen Mit-
arbeiter/Mitarbeiterin der Personalabteilung verlangt, dass der Wehrdienst
geleistet wurde. Obschon sich diese Stellenausschreibung wohl an männ-
liche wie auch an weibliche Bewerber richtet, wird das Anforderungsprofil
überwiegend nur von Männern erfüllt: Auch wenn Frauen zwischenzeitlich
bei der Bundeswehr beschäftigt werden, ist dieser Anteil gegenüber den
männlichen Beschäftigten sehr gering. Wenn das Unternehmen von dem
künftigen Mitarbeiter die Leistung des Wehrdienstes verlangt, begünstigt
es offensichtlich, dass sich Männer auf diese Position bewerben. Zulässig
ist eine solche mittelbare Benachteiligung nur dann, wenn sie sachlich
gerechtfertigt, angemessen und erforderlich ist. In diesem Beispiel ist kein
Zusammenhang zwischen der Tätigkeit eines Personalreferent/ -in mit der
Ableistung des Wehrdienstes erkennbar. Folglich ist die Benachteiligung
unzulässig.

2.4 Belästigung, § 3 Abs. 3 AGG

Eine weitere verbotene Verhaltensweise stellt die Belästigung gemäß § 3 Abs. 3 AGG dar. Der Gesetzgeber versteht
unter einer Belästigung unerwünschte Verhaltensweisen, die
im Zusammenhang mit den Kriterien des § 1 stehen und die
darauf gerichtet sind oder zur Wirkung haben, dass eine
andere Person in ihrer Würde verletzt wird. Zu einer Benachteiligung gehört auch, dass ein von

- Einschüchterungen,
- Anfeindungen,
- Erniedrigung,
- Entwürdigung oder
- Beleidigungen

gekennzeichnetes Umfeld geschaffen wird.

Dabei wird vorausgesetzt, dass das verbotene Verhalten eine gewisse Intensität und Dauer entfaltet.

2.5 Sexuelle Belästigung, § 3 Abs. 4 AGG

Einen besonderen Fall der Belästigung stellt die sexuelle Belästigung dar. Anders als bei der „normalen" Belästigung gemäß § 3 Abs. 3 AGG ist bereits ein einmaliger Verstoß ausreichend. Eine bestimmte Intensität und Dauer der sexuellen Belästigung wird somit nicht verlangt. Auch ein Vorsatz des Belästigenden wird nicht vorausgesetzt.

3. Zulässige Benachteiligung wegen beruflicher Anforderungen

3.1 Rechtfertigung der Benachteiligung gemäß § 8 AGG

In Ausnahmefällen kann eine Benachteiligung im Zusammenhang mit den Kriterien des § 1 zulässig sein, § 8 Abs. 1 AGG. Dabei gilt ein einheitlicher Prüfungsmaßstab für alle Diskriminierungsmerkmale. Gerechtfertigt ist die Benachteiligung aber nur dann, wenn das Merkmal des § 1 AGG wesentliche und entscheidende berufliche Anforderungen darstellt. Hierbei ist ein sehr enger Prüfungsmaßstab anzulegen.

3.2 Rechtfertigung der Benachteiligung wegen des Alters gemäß § 10 AGG

Eine spezielle Rechtfertigung hat der Gesetzgeber für die Ungleichbehandlung wegen Alters vorgesehen. Dabei enthält § 10 AGG einen ausführlichen Beispielskatalog, dieser ist jedoch nicht abschließend.

Eine Generalklausel für die unterschiedliche Behandlung wegen Alters enthält § 10 Sätze 1 und 2 AGG. Danach ist die unterschiedliche Behandlung wegen des Alters zulässig, wenn sie objektiv und angemessen und durch ein legitimes Ziel gerechtfertigt ist. Dabei müssen die Mittel zur Erreichung dieses Ziels angemessen und erforderlich sein.

IV. Pflichten des Arbeitgebers nach dem AGG, §§ 11 ff. AGG

1. Verbot der diskriminierenden Stellenausschreibung

§ 11 AGG verbietet dem Arbeitgeber, einen Arbeitsplatz unter Verstoß gegen das Benachteiligungsverbot des § 7 Abs. 1 AGG auszuschreiben. Diese Vorschrift entspricht damit dem Inhalt der §§ 611a, 611b BGB a.F.

2. Organisationspflichten des Arbeitgebers, § 12 AGG

Der Arbeitgeber ist daneben verpflichtet, erforderliche Maßnahmen zum Schutz vor Benachteiligung zu treffen. Dies umfasst auch vorbeugende Maßnahmen. Dabei soll der Arbeitgeber gemäß § 12 Abs. 2 AGG insbesondere im Rahmen der beruflichen Aus- und Fortbildung auf die Unzulässigkeit solcher Benachteiligungen hinweisen und darauf hinwirken, dass diese unterbleiben.

Dieser Verpflichtung genügt der Arbeitgeber, wenn er Schulungsmaßnahmen für seine Beschäftigten durchführen lässt. Im Einzelfall soll der Arbeitgeber durch arbeitsrechtliche Maßnahmen, insbesondere durch eine

- Abmahnung,
- Umsetzung,
- Versetzung, oder
- Kündigung

eine verbotene Benachteiligung unterbinden.

Auch wenn Dritte, z.B. Kunden oder Lieferanten, Beschäftigte zu Unrecht benachteiligen, ist der Arbeitgeber zur Ergreifung von erforderlichen angemessenen Maßnahmen zum Schutz seiner Mitarbeiter verpflichtet, § 12 Abs. 4 AGG. Außerdem ist der Arbeitgeber dafür verantwortlich, das AGG an geeigneter Stelle im Betrieb bekannt zu machen.

3. Rechtsfolgen der ungerechtfertigten Benachteiligung

3.1 Beschwerde-, Leistungsverweigerungs- und Unterlassungsansprüche

Der Gesetzgeber hat verschiedene Rechtsfolgen vorgesehen, wenn eine Person zu Unrecht benachteiligt wird. Gemäß § 7 Abs. 2 AGG sind Bestimmungen und Vereinbarungen, die gegen das Benachteiligungsverbot des § 7 Abs. 1 AGG verstoßen, unwirksam. Daneben hat ein Arbeitnehmer, der zu Unrecht benachteiligt wird, das Recht, sich bei den zuständigen Stellen des Betriebs oder Unternehmens zu beschweren, § 13 AGG.

Im Falle der Belästigung oder sexuellen Belästigung am Arbeitsplatz erwirbt der betroffene Beschäftigte ein Leistungsverweigerungsrecht, wenn der Arbeitgeber keine oder offensichtlich ungeeignete Maßnahmen zur Unterbindung der Belästigung ergreift. Das Recht zur Minderung der Vergütung ist für den Arbeitgeber ausgeschlossen, § 14 AGG.

Auch der Betriebsrat oder die im Betrieb vertretene Gewerkschaft können bei einem groben Verstoß des Arbeitgebers Unterlassung der verbotenen Benachteiligung verlangen, § 17 Abs. 2 AGG.

3.2. Schadenersatzansprüche, § 15 AGG

3.2.1 Ersatz immateriellen Schadens

Der Arbeitgeber haftet bei Verstößen gegen das Benachteiligungsverbot, es sei denn, er hat die Pflichtverletzung nicht zu vertreten, § 15 Abs. 1 AGG. Die Beweislast hierfür liegt beim Arbeitgeber. Das Vertretenmüssen ergibt sich grundsätzlich für eigenes Verschulden aus § 276 BGB. Bei kollektiven Vereinbarungen ist die Haftung allerdings auf Vorsatz und grobe Fahrlässigkeit beschränkt, § 15 Abs. 3 AGG. Auch eine Haftung für fremdes Verschulden kommt in Betracht, insbesondere über §§ 31, 278 BGB.

Für immaterielle Schäden kann die benachteiligte Person eine angemessene Entschädigung in Geld verlangen. Im Falle der Ablehnung eines Bewerbers aus Gründen des § 1 AGG kann dieser bis zu drei Brutto-Monatsgehälter verlangen, wenn er auch bei benachteiligungsfreier Auswahl nicht eingestellt worden wäre, § 15 Abs. 2 AGG. Hingegen besteht kein Anspruch auf Begründung eines Arbeits- oder Ausbildungsverhältnisses, § 15 Abs. 6 AGG. Auch im Falle der Benachteiligung im Rahmen des beruflichen Aufstiegs sind die Ansprüche des übergangenen Arbeitnehmers nach dieser Vorschrift grundsätzlich auf einen finanziellen Ausgleich beschränkt.

3.2.2 Ausschlussfristen, § 15 Abs. 4 AGG

Soll ein Anspruch auf Schadensersatz verlangt werden, so muss dieser innerhalb von *zwei Monaten* schriftlich geltend gemacht werden. Dabei beginnt die Frist im Falle einer Bewerbung oder eines beruflichen Aufstiegs mit dem Zeitpunkt der Ablehnung, in sonstigen Fällen einer Benachteiligung zu dem Zeitpunkt, in dem der oder die Beschäftigte von der Benachteiligung Kenntnis erlangt, § 15 Abs. 4 AGG. Nach Ablauf dieser Frist kann Schadenersatz grds. nicht mehr verlangt werden.

3.2.3 Prozessuale Besonderheiten, § 61b ArbGG

Will ein Beschäftigter die Entschädigung nach § 15 AGG gerichtlich geltend machen, muss die Klage innerhalb von *drei Monaten,* nachdem der Anspruch schriftlich geltend gemacht wurde, erhoben werden, § 61b Abs. 1 ArbGG.

Machen mehrere Bewerber Ansprüche gemäß § 15 AGG wegen ungerechtfertigter Benachteiligung geltend, ist auf Antrag des Arbeitgebers dasjenige Arbeitsgericht, bei dem die erste Klage erhoben wurde, auch für alle weiteren Klagen ausschließlich zuständig, § 61b Abs. 2 ArbGG.

Der Arbeitgeber hat dabei die Möglichkeit, zu beantragen, dass die mündliche Verhandlung nicht vor Ablauf von sechs Monaten seit Erhebung der ersten Klage stattfindet, § 61b Abs. 3 ArbGG. Sinn dieser Vorschrift ist es, dem Arbeitgeber die Möglichkeit einzuräumen, zu prüfen, wie viele Klagen wegen ungerechtfertigter Benachteiligung insgesamt erhoben werden. Dies kann insbesondere Auswirkungen auf die Höhe der im Einzelfall zu zahlenden Entschädigung haben.

4. Beweislast, § 22 AGG

Es gilt eine abgestufte Beweislastverteilung. Danach muss der Arbeitnehmer diejenigen Indizien beweisen, die eine verbotene Benachteiligung vermuten lassen. Dies kann z.B. eine diskriminierende Stellenanzeige sein, oder auch die Frage nach einem Diskriminierungsmerkmal des § 1 AGG auf einem Personalfragebogen. Gelingt es dem Arbeitnehmer, solche Indizien beizubringen, muss der Arbeitgeber beweisen, dass keine verbotene Benachteiligung vorliegt oder diese ausnahmsweise gerechtfertigt ist.

▶ **Literatur zu dieser Lektion**

📖 Ring, **JA** 2008, 1 (AGG - Grundlagen)

Lektion 11: Ansprüche aus Tarifvertrag

Im Rahmen von Einzelarbeitsverträgen stehen sich oftmals Arbeitgeber und Arbeitnehmer als ungleiche Vertragspartner gegenüber. Es besteht gerade in Zeiten hoher Arbeitslosigkeit die Gefahr, dass der Arbeitgeber seine Überlegenheit als Druckmittel nutzt und dass der geschlossene Arbeitsvertrag die Interessen des Arbeitnehmers nicht genügend berücksichtigt. Dieses Ungleichgewicht wird ausgeglichen, wenn grundlegende Bedingungen von den Tarifvertragsparteien ausgehandelt werden. Hier stehen sich der einzelne Arbeitgeber oder der Arbeitgeberverband und die Gewerkschaften als gleichwertige Partner gegenüber.

Vereinbarungen zwischen Gewerkschaften und Arbeitgeberverbänden werden als **Verbandstarifvertrag** bezeichnet. Erfolgt die Vereinbarung zwischen einer Gewerkschaft und einem Arbeitgeber, so spricht man von einem **Firmen- bzw. Haustarifvertrag.**

Der Tarifvertrag hat vor allem drei Funktionen:

- Der Tarifvertrag soll den einzelnen Arbeitnehmer vor einseitigen, nachteiligen Festsetzungen durch den Arbeitgeber schützen, vgl. § 4 Abs. 3 TVG.

- Tarifverträge führen zu einer autonomen arbeitsrechtlichen Ordnung. Sie schaffen Überschaubarkeit auch hinsichtlich der Kosten.

- Der Tarifvertrag „befriedet". Denn aufgrund der Friedenspflicht haben die Tarifvertragsparteien alles zu unterlassen, was die Durchführung des Tarifvertrages behindern könnte. Die Friedenspflicht beschränkt sich allerdings nur auf die Laufzeit und nur auf die im Tarifvertrag geregelten Punkte.

1. Vorliegen eines Tarifvertrages

Der Tarifvertrag i. S. v. §§ 1, 2 TVG ist ein schriftlicher Vertrag zwischen tariffähigen Parteien und ist gekennzeichnet durch eine Doppelnatur: Zunächst werden die arbeitsrechtlichen Rechte und Pflichten geregelt, die zwischen den Tarifvertragsparteien als solche bestehen sollen sog. **schuldrechtlicher (obligatorischer) Teil.** Hier wird beispielsweise geregelt, was die Tarifvertragsparteien im Einzelnen zu tun und zu unterlassen haben.

Weder die Durchführungs- noch die Friedenspflicht stehen zur Disposition; beide sind immer Teil des Tarifvertrages. Daneben erfolgt im Tarifvertrag eine Festlegung von Rechtsnormen bzw. allgemeinen Arbeitsbedingungen, welche unmittelbar auf das einzelne Arbeitsverhältnis einwirken sollen, sog. **normativer Teil.**

Die unmittelbaren und zwingenden Rechtsnormen des Tarifvertrags regeln den **Inhalt,** den **Abschluss** oder die **Beendigung** von Arbeitsverhältnissen, § 4 Abs. 1 S. 1 TVG und sind unabdingbar. Unmittelbar sind die Rechtsnormen, weil sie automatisch das einzelne Arbeitsverhältnis erfassen, ohne dass es dabei auf die Kenntnis oder Billigung der Norm durch die Parteien ankommt. Eine Norm, die zuungunsten des Arbeitnehmers von einer Norm des Tarifvertrages abweicht, ist nach § 134 BGB nichtig.

2. Wirksamkeit

Damit ein Tarifvertrag wirksam ist, müssen folgende Voraussetzungen eingehalten werden:

- **Schriftform,** § 1 Abs. 2 TVG. Wird das Schriftformerfordernis nicht eingehalten, ist der Vertrag nach § 125 S. 1 BGB nichtig.
- **Tariffähigkeit:** Auf Arbeitnehmerseite müssen Gewerkschaften, auf Arbeitgeberseite einzelne Arbeitgeber oder Vereinigungen von Arbeitgebern stehen.

Es muss sich bei einer derartigen Vereinigung um eine **Koalition** i. S. d. Art. 9 Abs. 3 GG handeln, d. h. es muss ein freiwilliger zivilrechtlicher Zusammenschluss von Arbeitgebern oder Arbeitnehmern vorliegen, der körperschaftlich und überbetrieblich organisiert ist. Tariffähig ist eine derartige Koalition weiterhin nur dann, wenn sie über eine gewisse **soziale Mächtigkeit** verfügt, um die gegnerische Seite unter Druck setzen zu können und wenn der Wille zum Abschluss von Tarifverträgen vorhanden ist.

* **Tarifzuständigkeit:** Die Vertragsparteien können einen Tarifvertrag ausschließlich innerhalb ihres räumlichen und sachlichen Geschäftsbereiches abschließen. Dies bestimmt sich regelmäßig durch die jeweilige Satzung.

* Regelung **innerhalb der Tarifautonomie**, Art. 9 Abs. 3 GG. Das bedeutet, dass die Regelung der Wahrung bzw. Förderung der Arbeits- und Wirtschaftsbedingungen dienen muss. Ferner darf nicht gegen EG-Recht, Grundrechte, allgemeine verfassungsrechtliche Prinzipien oder sonst zwingendes Recht verstoßen werden.

3. Die Tarifbindung, § 3 TVG

Tarifverträge entfalten ihre unmittelbare, unabdingbare Wirkung nur gegenüber Parteien, die tarifgebunden sind. Die Tarifgebundenheit wird vom Gesetz bestimmt und kann nicht von den Parteien festgelegt werden, § 3 Abs. 1 TVG. Grundsätzlich gelten die Tarifnormen nur zwischen den beiderseits tariflich Gebundenen, § 4 Abs.1 S.1 TVG.

Nach § 3 Abs. 1 TVG wird die Tarifgebundenheit durch die **Mitgliedschaft** beim tarifschließenden Verband begründet. Der Arbeitgeber muss also dem betreffenden Arbeitgeberverband, der Arbeitnehmer der betreffenden Gewerkschaft angehören.

Die Tarifgebundenheit beginnt mit dem Erwerb der Mitgliedschaft bei der Tarifvertragspartei und endet gemäß § 3 Abs. 3 TVG erst mit dem Ende des Tarifvertrages, also nicht schon dann, wenn der einzelne Arbeitgeber oder Arbeitnehmer aus seinem Verband austritt. Der Tarifvertrag kann aber auch von den Parteien des Tarifvertrages aufgehoben oder durch einen neuen Tarifvertrag ersetzt werden. Ein nach dem Ausscheiden geschlossener neuer Tarifvertrag bindet die ausgeschiedene Partei dann nicht.

Die normative Wirkung des Tarifvertrages kann auf tariflich nicht gebundene Personen ausgedehnt werden durch
* Individualvereinbarung
* Allgemeinverbindlichkeitserklärung, § 5 TVG

Individualvereinbarung bedeutet, dass ein Arbeitnehmer, der nicht Mitglied einer Gewerkschaft ist, mit einem Arbeitgeber die Bezugnahme eines bestimmten Tarifvertrages auf seinen Individualarbeitsvertrag vereinbart. Hier bleibt es allerdings beim Vorliegen einer bloßen individualrechtlichen Vereinbarung ohne die besonderen Wirkungen des Tarifvertrags. Es liegt ein **Einzelarbeitsvertrag** vor, der nur denselben rechtlichen Inhalt hat wie der entsprechende Tarifvertrag.

Durch eine **Allgemeinverbindlichkeitserklärung** des Bundesministers für Arbeit und Sozialordnung kann der normative Teil des Tarifvertrages auch auf nicht tarifgebundene Personen erstreckt werden, § 5 TVG. Dadurch ist die Frage der Tarifgebundenheit der Parteien für beide Seiten eindeutig beantwortet.

Nachdem ermittelt wurde, dass Arbeitnehmer und Arbeitgeber tarifgebunden sind, ist weiter der **Geltungsbereich** des betreffenden Tarifvertrags zu untersuchen. Tarifverträge gelten regelmäßig nur für
* einen bestimmten **Tarifbezirk;**
* bestimmte **Wirtschaftszweige, Branchen** oder einen einzelnen Betrieb (sog. **Haustarifvertrag**);

- einen im Vertrag genannten **Zeitraum.** Ist ein Tarifvertrag außer Kraft getreten, gelten seine Bestimmungen allerdings grds. weiter, bis eine neue Regelung getroffen worden ist!

4. Günstigkeitsvergleich und „Rosinentheorie"

Abweichungen und Änderungen des Tarifvertrages sind nach § 4 Abs. 3 TVG nur wirksam, wenn sie im Tarifvertrag vorgesehen sind, sog. **Öffnungsklausel,** oder eine Änderung der Regelungen **zu Gunsten** des Arbeitnehmers enthalten. Einzelvertragliche Abmachungen, die für den Arbeitnehmer **günstiger** als die Tarifnorm sind, bleiben daher vom Tarifvertrag unberührt, sog. **Günstigkeitsprinzip.**

Grundsätzlich gilt damit die arbeitsvertragliche Regelung, wenn sie objektiv für den Arbeitnehmer günstiger ist.

Beispiel 1: Eine tarifvertragliche Regelung steht der Wirksamkeit einer arbeitsvertraglichen Vereinbarung über *übertariflichen* Lohn nicht entgegen, denn Tariflöhne sind nur Mindestlöhne.

Die Frage, was für den Arbeitnehmer objektiv günstiger ist, ist schwierig zu beantworten, wenn der Arbeitsvertrag ggü. dem Tarifvertrag sowohl günstigere wie auch ungünstigere Regelungen enthält.

Beispiel 2: A ist Mitglied des Arbeitgeberverbandes. Er schließt mit dem gewerkschaftlich organisierten Arbeitnehmer B einen Arbeitsvertrag mit übertariflichem Entgelt. Im Gegenzug verzichtet B auf das tariflich festgelegte Urlaubsgeld. Ist der Arbeitsvertrag für B günstiger als der Tarifvertrag?

Lösung: Hier könnten die arbeitsvertragliche und die tarifvertragliche Norm kollidieren. Der Tarifvertrag ist anwendbar, da beide tarifvertraglich gebunden sind. Grundsätzlich gilt aufgrund der Normenhierarchie der Tarifvertrag. Da die erste privatrechtliche Vereinbarung (übertarifliches Entgelt) jedoch zu Gunsten des B abweicht, ist diese grds. gültig, sog. *Günstigkeitsprinizip.* Die zweite Regelung (Verzicht auf das Urlaubsgeld) geht hingegen zu Lasten des Arbeitnehmers und wäre (bei einem Einzelvergleich) grundsätzlich unwirksam.

Nach der sog. **Rosinentheorie** ist es unzulässig, wenn der Arbeitnehmer einen **Einzelvergleich** vornimmt, sich von jeder Norm nur das Beste, nämlich die „Rosinen" herauspickt und sich teilweise auf den Tarifvertrag, teilweise auf den Arbeitsvertrag beruft. Es muss daher in diesen Fällen grds. durch einen sog. **Gruppenvergleich** ermittelt werden, ob für den Arbeitnehmer der Tarif- oder der Arbeitsvertrag günstiger ist. Gruppenvergleich bedeutet, dass die Regelungen miteinander verglichen werden, die in **sachlichem Zusammenhang** stehen, z.B. weil sie den gleichen Zweck haben. Wichtig ist hierbei nicht das Ergebnis, sondern die eigene Argumentation!

5. Erlöschen oder Undurchsetzbarkeit, § 4 TVG

Grundsätzlich herrscht im Tarifrecht das **Unverbrüchlichkeitsprinzip,** § 4 Abs. 4 TVG. Das bedeutet, dass zum Schutz des Arbeitnehmers einmal entstandene tarifliche Rechte nicht eingeschränkt oder ausgeschlossen werden können. Dadurch wird die Unabdingbarkeit der Tarifnorm gesichert. Ein Verzicht auf bereits entstandene Tarifrechte ist nur in einem von den Tarifvertragsparteien gebilligten Vergleich möglich, § 4 Abs. 4 S. 1 TVG.

Die **Verwirkung** von tariflichen Rechten ist ausgeschlossen, § 4 Abs. 4 S. 2 TVG. Durch diese Vorschrift wird gesichert, dass ein Arbeitnehmer, der über längere Zeit ein tarifliches Recht nicht geltend gemacht hat, dieses trotzdem ausüben kann.

Ausschlussfristen für die Geltendmachung tariflicher Rechte können nur im Tarifvertrag vereinbart werden, § 4 Abs. 4 S. 3 TVG. Könnten solche Fristen auch durch die Parteien des Arbeitsvertrages festgelegt werden, bestünde die Gefahr, dass die Rechte des Arbeitnehmers unbillig beeinträchtigt würden.

▶ **Literatur zu dieser Lektion**
📖 Niederle-Skript „Kollektives Arbeitsrecht" von Simone Singer

Lektion 12: Der Arbeitskampf

Die Koalitionen sind beim Aushandeln der Tarifverträge frei von staatlichen Einflüssen, da eine staatliche Zwangsschlichtung nicht stattfindet. Die häufigsten Arbeitskämpfe werden daher um den Abschluss von Tarifverträgen geführt. In Konfliktsituationen, in denen sich die Tarifpartner nicht gütlich einigen können, ist der Arbeitskampf zulässig. Hierdurch werden die Parteien ohne Einmischung durch den Staat unter einen Einigungszwang gestellt.

Das Arbeitskampfrecht befasst sich also mit den kampfartigen Erscheinungen des Arbeitslebens. Aufgabe des Arbeitskampfrechtes ist es, die Zulässigkeit und arbeitsrechtlichen Folgen derartiger Kampfmaßnahmen zu bestimmen.

Der Arbeitskampf ist die von der Arbeitgeber- oder Arbeitnehmerseite zur Erreichung bestimmter Ziele mittels kollektiver Störungen der Arbeitsbeziehungen bewirkte Druckausübung. Arbeitgeber benutzen in der Regel die **Aussperrung** als Druckmittel. Für die Arbeitnehmer ist die wichtigste Form der Druckausübung die gemeinsame und mehrheitliche Vorenthaltung der Arbeitsleistung. Sie kommt hauptsächlich in der Form des **Streiks** vor.

1. Der Streik

1.1 Definition

Unter einem **Streik** ist die Druckausübung einer Mehrheit von Arbeitnehmern durch die planmäßige und gemeinsame Verweigerung der geschuldeten Arbeitsleistung zur Durchsetzung von Forderungen, regelmäßig zur Verbesserung der Lohn- und Arbeitsbedingungen, zu verstehen.

120

Die Vorenthaltung der Arbeitsleistung ist dabei grundsätzlich nur **vorübergehend** beabsichtigt, d. h. die Arbeit soll nach Erreichung des Ziels wieder aufgenommen werden. Streiks werden üblicherweise von Gewerkschaften organisiert und geleitet. Spontane und/oder von Arbeitnehmergruppen selbst geführte „wilde" Streiks sind eher selten.

Gewerkschaftliche Streiks werden meistens mit einer sog. **Urabstimmung** eingeleitet, an der nur Gewerkschaftsmitglieder teilnehmen. Voraussetzung ist eine sog. qualifizierte Mehrheit, die vorliegt, wenn ¾ der Abstimmenden sich für den Streik aussprechen. Danach hat der Hauptvorstand der Gewerkschaft den Streik zu genehmigen. Erst dann ergeht die eigentliche Aufforderung an die Mitglieder der Gewerkschaft, sich am Streik zu beteiligen.

1.2 Rechtmäßigkeit eines Streiks

Hauptproblem des Arbeitskampfrechts ist die Grenzziehung zwischen rechtmäßigen und rechtswidrigen Arbeitskämpfen. Das Recht zum Arbeitskampf ist einfachgesetzlich – von einigen Teilbereichen abgesehen – nicht geregelt. Es wird jedoch aus Art. 9 Abs. 3 S. 3 GG hergeleitet und ist daher grundrechtlich gewährleistet.

Aufgrund der mangelnden Rechtsgrundlagen kommt der Arbeitskampfrechtsprechung des BAG enorme und quasi „gesetzesvertretende" Bedeutung zu. Die Rechtmäßigkeit eines Streiks prüft das BAG anhand folgender Kriterien:

* Es muss ein rechtlich zulässiges, **tarifvertraglich regelbares Streikziel** vorliegen. Es darf sich also nicht um einen nur **politischen** Streik handeln.
* **Gewerkschaftliche Organisation** des Streiks. Nach h. M. ist der sog. wilde Streit grundsätzlich rechtswidrig.
* Es darf nicht gegen eine **tarifvertragliche Friedenspflicht** verstoßen werden. Durch die Friedenspflicht werden die Tarifvertragspartner verpflichtet, Kampf-

handlungen, die sich gegen bereits geregelte Inhalte des Tarifvertrages richten, weder vorzunehmen noch zu unterstützen. Die Friedenspflicht ist relativ, d. h. sie bezieht sich nur hierauf.

- Die **Verhältnismäßigkeit** muss gewahrt werden. Jedes Arbeitskampfmittel muss dem Gebot der Verhältnismäßigkeit genügen. Nach dem sog. **Ultima-Ratio-Prinzip** müssen vor Streikbeginn alle zumutbaren Verhandlungsmöglichkeiten ausgeschöpft werden. Es herrscht grds. ein Kampfverbot vor Scheitern der Verhandlungen und der gegebenenfalls vertraglich vorgesehenen Schlichtung. Weiterhin dürfen keine unerlaubten, unfairen oder zur Erreichung des Kampfziels nicht notwendigen Kampfmittel eingesetzt werden. Der Streik darf auch nicht auf die **wirtschaftliche Vernichtung** des Gegners gerichtet sein.

1.3 Rechtsfolgen

Rechtmäßigkeit oder Rechtswidrigkeit des Streiks entscheiden über die unterschiedlichen Rechtsfolgen.

1.3.1 Rechtsfolgen bei rechtmäßigem Streik

- Suspendierung der Hauptpflichten: Die Arbeitnehmer sind dazu berechtigt, sich an einem rechtmäßigen Streik zu beteiligen und der Arbeit fern zu bleiben. Dann ruhen sowohl die Arbeitsleistungspflicht des Arbeitnehmers als auch die Lohnzahlungspflicht des Arbeitgebers.
- Für am Streik **nicht beteiligte** Arbeitnehmer im bestreikten und anderen Betrieben des gleichen Tarifgebietes gilt: Die nicht am Streik teilnehmenden Arbeitnehmer sind dazu verpflichtet, ihre Arbeit, soweit möglich, zu verrichten. Sie behalten grds. ihren Anspruch auf Lohn. Besteht eine streikbedingte **Unmöglichkeit** oder Unzumutbarkeit der Beschäfti-

gung, entfällt der Lohnanspruch. Andernfalls könnten die Gewerkschaften durch das Bestreiken ausgewählter Betriebsteile den gesamten Betrieb lahm legen, der Arbeitgeber müsste hingegen an die unbeteiligten Arbeitnehmer weiter Lohn zahlen. Dadurch entstünde eine ungerechte Verteilung des Kräftegleichgewichts.

- Wird ein Betrieb nur **mittelbar** betroffen, sog. **Fernwirkung,** so behalten die Arbeitnehmer grds. ihren Lohnanspruch.

Beispiel 1: Aufgrund eines Streiks im Zuliefer-Betrieb Z kann der nichtbestreikte Betrieb B nicht mehr produzieren. Hier behalten die Arbeitnehmer ihren Lohnanspruch.

Ausnahmsweise besteht kein Lohnanspruch, wenn eine Lohnzahlung das Kräfteverhältnis der Kampfparteien berühren könnte. Das ist z.B. der Fall, wenn der gleiche Konzern betroffen ist.

Beispiel 2: In *Beispiel 1* gehören Z und B beide zum gleichen Konzern. Wenn die Arbeitnehmer im Betrieb B trotzdem ihren Lohn fordern könnten, wäre das Kräfteverhältnis zu Gunsten der Arbeitnehmer verschoben.

1.3.2 Rechtsfolgen bei rechtswidrigem Streik

Ein rechtswidriger Streik löst verschiedene Rechtsfolgen und Ansprüche aus. So stehen beispielsweise bei Verletzung der Friedenspflicht sowohl dem Arbeitgeberverband als Vertragspartner der Gewerkschaft als auch dem bestreikten Arbeitgeber selbst Ansprüche zu.

1.3.2.1 Ansprüche gegen die Gewerkschaft

Nach h. M. hat bei einem rechtswidrigen Streik das bestreikte Unternehmen gegen die Gewerkschaft einen **Unterlassungsanspruch** aus § 1004 i. V. m. § 823 Abs. 1 analog BGB, da ein Eingriff in das Recht am eingerichteten und ausgeübten Gewerbebetrieb i. S. v. § 823 I BGB vorliegt. Dieser Unterlassungsanspruch steht nach h. M. ebenfalls dem Arbeitgeberverband zu.

Daneben besteht bei Verletzung des Tarifvertrages ein **Schadensersatzanspruch** gemäß §§ 283 S. 1, 280 Abs. 1, 31 BGB und aus § 823 Abs. 1 BGB wegen Eingriffs in das Recht am eingerichteten und ausgeübten Gewerbebetrieb. Dabei wird der Gewerkschaft gemäß § 31 BGB das Handeln ihrer Organe (z.b. Vorstand) zugerechnet.

1.3.2.2 Rechtsfolgen für am Streik beteiligte ArbN

Die Teilnahme an einem rechtswidrigen Streik stellt eine Verletzung der Arbeitspflicht dar, da hier – anders als beim rechtmäßigen Streik - die arbeitsvertraglichen Hauptpflichten nicht suspendiert werden. Der Arbeitgeber kann eine **Abmahnung** aufgrund des Streiks erteilen und bei rechtswidriger Fortsetzung der Streikteilnahme das Arbeitsverhältnis gemäß § 626 BGB fristlos kündigen. Außerdem bestehen Schadensersatzansprüche aus §§ 283 S. 1, 280 Abs. 1 und aus § 823 Abs. 1 BGB (Eingriff in den eingerichteten und ausgeübten Gewerbebetrieb).

Auch bei einem rechtswidrigen Streik sind die obigen Ausführungen zu den **Fernwirkungen** eines Streiks zu berücksichtigen. Grundsätzlich behalten daher Arbeitnehmer, deren Betrieb durch den rechtswidrigen Streik nur **mittelbar** betroffen wurde, ihren Lohnanspruch.

2. Die Aussperrung

Kampfmittel der Arbeitgeberseite ist der Entzug von Beschäftigung und Lohn. Die juristisch wichtigste, wenn auch praktisch nicht häufigste Form ist die Aussperrung.

2.1 Definition

Als **Aussperrung** bezeichnet man die Druckausübung durch den Arbeitgeber oder einer Mehrheit von Arbeitgebern mittels planmäßiger Verweigerung von Beschäftigung und Lohnzahlung gegenüber einer Mehrheit von Arbeitnehmern.

Begrifflich ist zwischen der **Abwehraussperrung** und der **Angriffsaussperrung** zu unterscheiden:

- Die **Abwehraussperrung** ist eine Reaktion des Arbeitgebers auf einen Streik. Sie ist durch Art. 9 Abs. 3 GG verfassungsrechtlich garantiert und daher grundsätzlich zulässig. Durch sie wird eine unverhältnismäßige Verschlechterung der Verhandlungsposition der Arbeitgeber im Rahmen der Tarifautonomie vermieden. Zweck der rechtlichen Zulassung der Abwehrausperrung ist demnach die Wiederherstellung der Kampfparität.
- Die Eröffnung des Arbeitskampfes durch die Arbeitgeberseite wird als sog. **Angriffsaussperrung** bezeichnet. Auch sie ist grundsätzlich zulässig, an die Verhältnismäßigkeit werden allerdings strengere Anforderungen gestellt.

2.2 Rechtmäßigkeit

Die Rechtmäßigkeit einer Aussperrung unterliegt grds. folgenden Voraussetzungen:

- Vorliegen eines Streiks.

- Die Aussperrung muss auf das Tarifgebiet begrenzt werden, in dem der Tarifstreit besteht.

- Ausgesperrt werden darf grds. jeder Arbeitnehmer im Tarifgebiet, der streiken darf. Es besteht aber ein Verbot selektiver Aussperrung von Gewerkschaftsmitgliedern.

- Die **Verhältnismäßigkeit** muss gewahrt werden. Das BAG hat zur Verhältnismäßigkeit bestimmte Zahlenverhältnisse entwickelt und festgelegt, wie viele Arbeitnehmer bei einem Streik maximal ausgesperrt werden dürfen. Die genaue Zahl ist abhängig von der Zahl der streikenden Arbeitnehmer.

2.3 Rechtsfolgen

2.3.1 Bei rechtmäßiger Aussperrung

Die rechtmäßige Aussperrung hat wie der Streik **suspendierende Wirkung**, d. h. die Hauptleistungspflichten ruhen. Die Vergütungspflicht entfällt auch bei den Arbeitnehmern, die sich nicht am Streik beteiligen.

In der Regel ist nach Ende der Aussperrung eine Weitereschäftigung beabsichtigt. Eine Ausnahme hierzu stellt die sog. **lösende Aussperrung** dar: Hier endet das Arbeitsverhältnis. Die lösende Aussperrung ist nach Ansicht des BAG nur unter besonderen Voraussetzungen zulässig:

* Arbeitskampf mit langer Dauer; hohe Kampfintensität; offensichtliche Rechtswidrigkeit des Streiks.
* Rationalisierung und Neubesetzung des Arbeitsplatzes während des Streiks.
* Ausgeschlossen bei Arbeitnehmern mit besonderem Kündigungsschutz, z. B. Schwangere, Schwerbehinderte, Betriebsratsmitglieder.
* Ausdrückliche Erklärung der lösenden Wirkung durch den Arbeitgeber.

Nach Beendigung des Arbeitskampfes hat der Arbeitnehmer grds. einen **Anspruch auf Wiedereinstellung** nach billigem Ermessen.

2.3.2 Bei rechtswidriger Aussperrung

Bei rechtswidriger Aussperrung steht dem ausgesperrten Arbeitnehmer insbesondere ein Beschäftigungsanspruch nach § 611 BGB i. V. m. dem Arbeitsvertrag und ein Lohnanspruch nach § 615 BGB zu. Die Gewerkschaften können einen Unterlassungsanspruch nach § 1004 i. V. m. § 823 Abs. 1 BGB wegen des unzulässigen Eingriffs in das Recht zur koalitionsmäßigen Betätigung geltend machen.

▶ **Literatur zu dieser Lektion**

📖 Käppler, **JuS** 1990, 618 (Rechtsw. Maßn. bei Arbeitskämpfen)

Standardfälle Arbeitsrecht

Autor: Prof. Dr. Gruber

25 klausurtypische Fälle
sowie Schemata
aus dem Arbeitsrecht

ISBN 978-3-86724-125-0
9,90 €

Kollektives Arbeitsrecht

Autorin: Simone Singer, RA'in

ISBN 978-3-86724-124-3
9,90 €

Standardfälle Handels- und Gesellschaftsrecht

Autor: Sönke M. Willers, RA

20 klausurtypische Fälle
aus dem Handels- und GesR

ISBN 978-3-86724-122-9
9,90 €

Gewerblicher Rechtsschutz und Urheberrecht

Autor: Prof. Dr. Gruber

ISBN 978-3-86724-131-1

9,90 €

Standardfälle Internationales Privatrecht (IPR)

Autoren: Prof. Schulz, M. Malkus, R. Pierenkemper

ISBN 978-3-86724-139-7

9,90 €

Insolvenzrecht

Autor: Dr. Frank Krüger, Fachanwalt für Insolvenzrecht

ISBN 978-3-86724-130-4

9,90 €

▶ Unsere 📖 Skripten 📑 Karteikarten ♪ Hörbücher (CD & MP3)

Zivilrecht

- 📖 Standardfälle für Anfänger (7,90 €)
- 📖 ♪ Standardfälle BGB AT (7,90 €)
- 📖 ♪ Standardfälle Schuldrecht (7,90 €)
- 📖 ♪ Standardfälle Ges. Schuldverh., §§ 677, 812,823
- 📖 ♪ Standardfälle Sachenrecht (9,90 €)
- 📖 ♪ Standardfälle Familien- und Erbrecht (9,90 €)
- 📖 Klausuren Übung für Fortgeschrittene (7,90 €)
- 📖 ♪ Basiswissen BGB (AT) (Frage-Antwort)
- 📖 ♪ Basiswissen SchuldR (AT) 📖 ♪ SchuldR (BT) (7 €)
- 📖 ♪ Basiswissen Sachenrecht, 📖 ♪ FamR, 📖 ♪ ErbR
- 📖 Einführung in das Bürgerliche Recht (7,90 €)
- 📖 Studienbuch BGB (AT) (12 €)
- 📖 Studienbuch Schuldrecht (AT) (12 €)
- 📖 Schuldrecht (BT) 1 - §§ 437, 536, 634, 670 ff. (9,90 €)
- 📖 Schuldrecht (BT) 2 - §§ 812, 823, 765 ff. (9,90 €)
- 📖 SachenR 1 – Bewegl. S., 📖 SachenR 2 – Unb. S. (9,9 €)
- 📖 Familienrecht und 📖 Erbrecht (Einführungen) (9,90 €)
- 📖 Streitfragen Schuldrecht (7,90 €)
- 📖 ♪ Definitionen für die Zivilrechtsklausur (9,90 €)

Strafrecht

- 📖 ♪ Standardfälle für Anfänger Band 1 (9,90 €)
- 📖 ♪ Standardfälle für Anfänger Band 2 (7,90 €)
- 📖 Standardfälle für Fortgeschrittene (12 €)
- 📖 ♪ Basiswissen Strafrecht (AT) (Frage-Antwort)
- 📖 ♪ Basiswissen Strafrecht BT 1 und 📖 ♪ BT 2 (7 €)
- 📖 Strafrecht (AT) (7,90 €)
- 📖 Strafrecht (BT) 1 – Vermögensdelikte (9,90 €)
- 📖 Strafrecht (BT) 2 – Nichtvermögensdelikte (9,90 €)
- 📖 ♪ Definitionen für die Strafrechtsklausur (7,90 €)

Irrtümer und Änderungen vorbehalten!

Öffentliches Recht

- 📖 Standardfälle Staatsrecht I – StaatsorgaR (9,90 €)
- 📖 Standardfälle Staatsrecht II – Grundrechte (9,90 €)
- 📖 ♪ Standardfälle f. Anfänger (StaatsorgaR u. GRe) (7,9 €)
- 📖 Standardfälle Verwaltungsrecht (AT) (9,90 €)
- 📖 Standardfälle Polizei- und Ordnungsrecht (9,90 €)
- 📖 Standardfälle Baurecht (9,90 €)
- 📖 Standardfälle Europarecht (9,90 €)
- 📖 Standardfälle Kommunalrecht (9,90 €)
- 📖 ♪ Basiswissen StaatsR I –StaatsorgaR (Fr-Antw.) (7 €)
- 📖 ♪ Basiswissen StaatsR II –GrundR (Frage-Antw.) (7 €)
- 📖 Basiswissen VerwaltungsR AT– (Frage-Antwort) (7 €)
- 📖 Studienbuch Staatsorganisationsrecht (9,90 €)
- 📖 Studienbuch Grundrechte (9,90 €)
- 📖 Studienbuch Verwaltungsrecht AT (12 €)
- 📖 Studienbuch Europarecht (12,90 €) ♪ Basiswissen EuR
- 📖 Studienbuch Wirtschaftsvölkerrecht (12,90 €)
- 📖 Staatshaftungsrecht (9,90 €)
- 📖 VerwaltungsR AT 1 – VwVfG u. 📖 AT 2–VwGO (7,90 €)
- 📖 VerwaltungsR BT 1 – POR (9,90 €)
- 📖 VerwaltungsR BT 2 – BauR 📖 BT 3 – UmweltR (9,90 €)
- 📖 ♪ Definitionen Öffentliches Recht (9,90 €)

Steuerrecht

- 📖 Abgabenordnung (AO) (9,90 €)
- 📖 Erbschaftsteuerrecht (9,90 €)
- 📖 Steuerstrafrecht/Verfahren/Steuerhaftung (7,90 €)

Sozialrecht

- 📖 Kinder- und Jugendhilferecht (7,90 €)
- 📖 Sozialrecht (9,90 €)

Nebengebiete

- 📖 ♪ Standardfälle Handels- & GesR (9,90 €)
- 📖 ♪ Standardfälle Arbeitsrecht (9,90 €)
- 📖 Standardfälle ZPO (9,90 €)
- 📖 ♪ Basiswissen HandelsR (Frage-Antwort) (7,9 €)
- 📖 ♪ Basiswissen Gesellschaftsrecht (7,90 €)
- 📖 ♪ Basiswissen ZPO (Frage-Antwort) (7,90 €)
- 📖 ♪ Basiswissen StPO (Frage-Antwort) (7,90 €)
- 📖 Handelsrecht (9,90 €)
- 📖 Gesellschaftsrecht (9,90 €)
- 📖 Arbeitsrecht (9,90 €)
- 📖 Kollektives Arbeitsrecht (9,90 €)
- 📖 ZPO I – Erkenntnisverfahren (9,90 €)
- 📖 ZPO II – Zwangsvollstreckung (9,90 €)
- 📖 Strafprozessordnung – StPO (9,90 €)
- 📖 Einf. Internationales Privatrecht - IPR (9,90 €)
- 📖 Standardfälle IPR (9,90 €)
- 📖 Insolvenzrecht (9,90 €)
- 📖 Gewerbl. Rechtsschutz/Urheberrecht (9,90 €)
- 📖 Wettbewerbsrecht (9,90 €)
- 📖 Ratgeber 500 Spezial-Tipps für Juristen (12 €)
- 📖 Mediation (7,90 €)
- 📖 Sportrecht (9,90 €)

Karteikarten (je 9,90 €)

- 📑 Zivilrecht: BGB AT/SchuldR/Grundlagen/Schemata
- 📑 Strafrecht: AT/BT-1/BT-2/Streitfragen
- 📑 Öff. R.: StaatsorgaR/GrundR/VerwR/Schemata

Assessorexamen

- 📖 Der Aktenvortrag im Strafrecht (7,90 €)
- 📖 Der Aktenvortrag im Zivilrecht (7,90 €)
- 📖 Der Aktenvortrag im Öffentlichen Recht (7,90 €)
- 📖 Staatsanwalt. Sitzungsdienst & Plädoyer (9,90 €)
- 📖 Die strafrechtliche Assessorklausur (7,90 €)
- 📖 Die Assessorklausur VerwR Bd. 1 (7,90 €)
- 📖 Die Assessorklausur VerwR Bd. 2 (7,90 €)
- 📖 Vertragsgestaltung in der Anwaltsstation (7 €)

Irrtümer und Änderungen vorbehalten!

BWL

- 📖 Einführung i. die Betriebswirtschaftslehre (7,90 €)
- 📖 Organisationsgestaltung & -entwickl. (7,90 €)
- 📖 Fallstudien Organisationsgestaltung & -entwickl.
- 📖 Internationales Management (7 €)
- 📖 Wie gelingt meine wiss. Abschlussarbeit? (7 €)
- 📖 Medienwirtschaft für Mediengestalter (14,90 €)

Irrtümer und Änderungen vorbehalten!

Schemata

- 📖 Die wichtigsten Schemata-ZivR,StrafR,ÖR (14,90)
- 📖 Die wichtigsten Schemata–Nebengebiete (9,90 €)

♪ bedeutet: auch als **Hörbuch** (CD oder MP3-Download) lieferbar!

Bei **niederle-media.de** bestellte Artikel treffen idR *nach 1-2 Werktagen* ein!